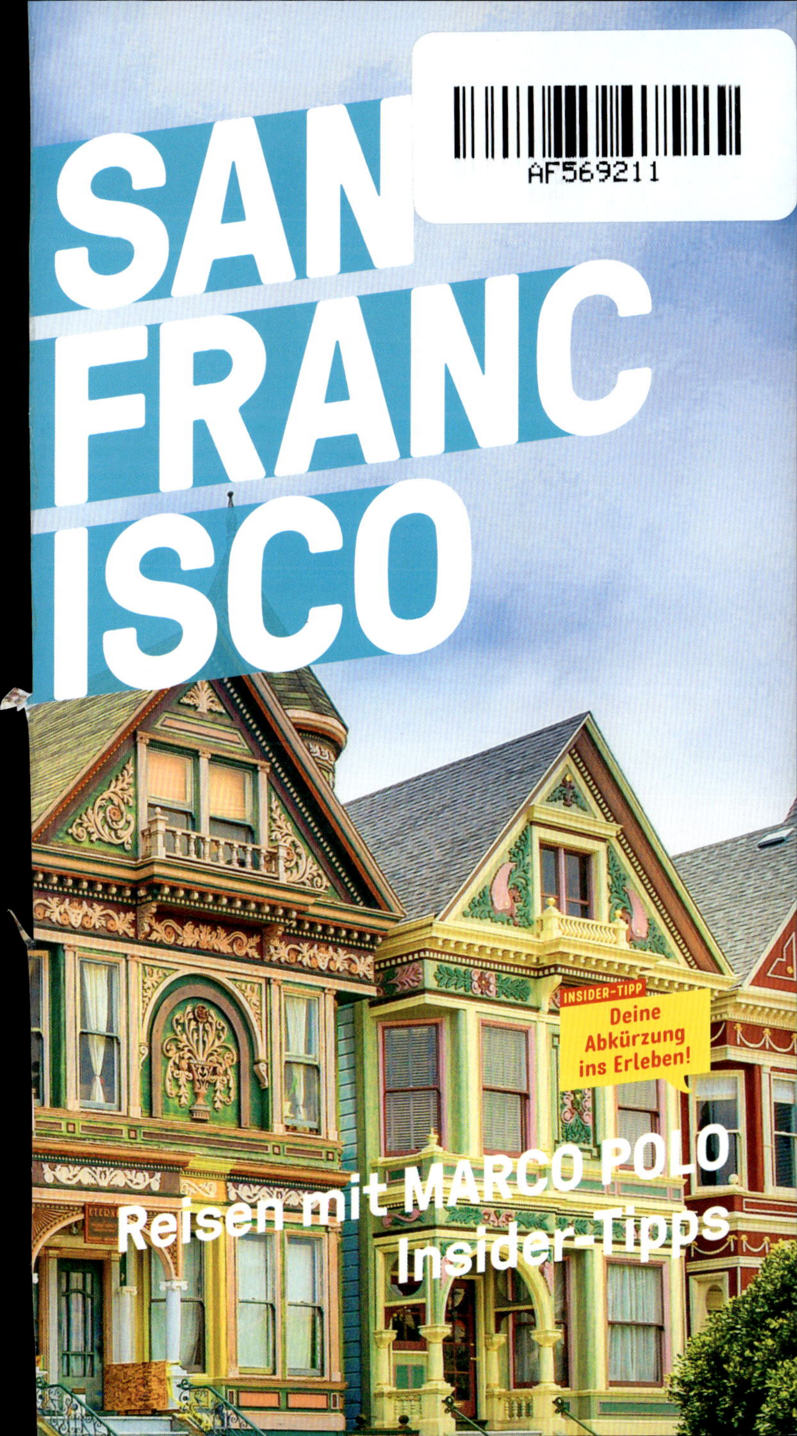

SAN
FRANC
ISCO
INSIDER-TIPP
Deine Abkürzung ins Erleben!
Reisen mit MARCO POLO Insider-Tipps

MARCO POLO TOP-HIGHLIGHTS

CLIFF HOUSE ★1
Romantischer Sonnenuntergang: check! Doch von hier aus lohnt sich auch ein Strandspaziergang Richtung Süden.

➤ S. 35

GOLDEN GATE BRIDGE ★2
Das Wahrzeichen der Stadt lockt das ganze Jahr Besucher an – selbst im Nebel sieht die Brücke spektakulär aus.
Tipp: Die beste Perspektive hast du vom obersten Stock des Fort Point.

➤ S. 30

PRESIDIO ★3
Park, Museums, Restaurants und Hotels: In der ehemaligen Militärbasis fällt der Stress der Stadt von dir ab.
Tipp: Die unzähligen schlicht-weißen Grabsteine des Militärfriedhofs geben sehr grafische Fotomotive ab.

➤ S. 32

GOLDEN GATE PARK ★4
Größer als der Central Park in New York! Japanischer Teegarten (Foto), tropische Gewächshäuser, Museen, Mitmachsport – hier wird es keinem langweilig.

➤ S. 65

FISHERMAN'S WHARF ★5
Abteilung „Muss man wenigstens einmal gesehen haben": Hier gibt es dank Seelöwen, Straßenkünstlern und gutem Essen mehr als nur Kommerz.

➤ S. 40

ALCATRAZ ISLAND ★6
Bedrückende Einblicke in den Gefängnisalltag und befreiende Ausblicke auf die Bay Area.
Tipp: Nahaufnahmen der verfallenen Gemäuer und der darauf sprießenden Vegetation haben ihren ganz eigenen Reiz.

➤ S. 41

CABLE CARS & F-LINE 7

Geschichte live: Ohne eine Fahrt in einem Cable Car und einer der historischen F-Line-Straßenbahnen warst du nicht in San Francisco.

Tipp: Abends im Cable Car C California in Richtung Westen ganz nach hinten setzen und Bilder der dann hell erleuchteten Hochhausschluchten machen.

➤ S. 49

LOMBARD STREET 8

Die Anwohner wollen die legendäre Schnörkelstraße immer wieder sperren lassen – zu Fuß kannst du sie aber immer besuchen.

➤ S. 44

ASIAN ART MUSEUM 9

Eines der weltbesten Museen asiatischer Kultur muss sein: In diesem Weltklassemuseum warten über 18 000 Objekte aus China, Japan, Indien, Nepal und Tibet darauf, dich zu begeistern.

Tipp: Die Statue vor dem Prunkbau erstrahlt nachmittags im schönsten Licht.

➤ S. 59

TADICH GRILL 10

Im ältesten Restaurant der Westküste gibt's den Fisch zum Urlaub am Meer. Okay, auf Wunsch auch ein Steak.

➤ S. 79

INHALT

BESSER PLANEN MEHR ERLEBEN!

Digitale Extras
go.marcopolo.de/app/sfc

⏲	Besuch planen	☂	Bei Regen
€–€€€	Preiskategorien	🐷	Low Budget
(*)	Kostenpflichtige Telefonnummer	👧	Mit Kindern
		⚑	Typisch

(🗺 A2) Herausnehmbare Faltkarte
(🗺 a2) Zusatzkarte auf der Faltkarte
(0) Außerhalb des Faltkartenausschnitts

DAS BESTE ZUERST

Dein Outfit darf auch farblich mit der Golden Gate Bridge abgestimmt sein

BEST OF BEI REGEN

SCHÖN, AUCH WENN ES REGNET

KONSUM PUR

Zück die Kreditkarte, und mach dich auf zum Shoppingtrip ins *Westfield Centre*. Zur Mittagspause locken Restaurants, während ein Kinobesuch am Abend schmerzende Füße und ein leeres Konto vergessen lässt.

➤ S. 90

AUF DIE EISLAUFBAHN

Sportliche Aktivitäten? Auch bei Regen kein Problem, denn direkt neben dem Children's Creativity Museum wartet das *Yerba Buena Ice Skating & Bowling Center* auf Schlittschuhläufer sowie Kegelschwestern und -brüder.

➤ S. 110

CRÊPES ESSEN UND LEUTE BEOBACHTEN

Erst ausschlafen, dann zum Brunch? Bei köstlichen Crêpes und mit Blick auf die geschäftige Polk Street merkst du im *Crêpe House* kaum, dass es regnet.

➤ S. 72

SCHIFF AHOI

Schon zu Zeiten des Goldrauschs ging es am Fisherman's Wharf wild zu. Davon erzählen noch heute die hier vor Anker liegenden Museumsschiffe und ein U-Boot, die *USS Pampanito*.

➤ S. 43

GEFANGENENINSEL

Menschenunwürdig waren die Zustände auf der Gefangeneninsel *Alcatraz*. Ein Besuch an einem Regentag oder im Rahmen einer Abendtour vermittelt deren Trostlosigkeit deutlich besser.

➤ S. 41

AB IN DEN REGENWALD

Draußen regnet es, drinnen auch: Der vierstöckige Regenwald ist nur eine der Attraktionen der *California Academy of Sciences* (Foto), die u. a. auch mit einem Aquarium und einem Planetarium lockt. Weltklasse!

➤ S. 66

BEST OF LOW-BUDGET

FÜR DEN KLEINEN GELDBEUTEL

EVENTS AN JEDER ECKE
Gerade im Sommer ist überall in der Stadt was los: Kinofilme in Parks, Musikfestivals, Gratiskonzerte, -opern, -theaterstücke und und und. Dafür ist *sf.funcheap.com* die beste Anlaufstelle.
➤ S. 143

STRANDAUSFLUG MIT LAGERFEUER
Ein kostenloses Vergnügen, auch wenn das Wasser nicht das wärmste ist: Am *Baker Beach* rennen Kinder und Hunde um die Wette, am wilden *Ocean Beach* (Foto) treffen sich Jung und Alt zu Picknicks und meterhohen Lagerfeuern.
➤ S. 34, 67

IM GOLDEN GATE PARK
Der *Golden Gate Park* ist zwar wilder als sein New Yorker Pendant, dafür gibt es hier eine Menge Aktivitäten und viel zu entdecken – alles gratis! Zeig den Amis, wie man in Europa Fußball spielt, oder beteilige dich an einer Partie Frisbee-Golf.
➤ S. 110

BLICK INS MASCHINENHAUS DER KABELBAHN
Weißt du, wie Cable Cars ohne Motor steile Berge erklimmen? Nein? Dann weißt du es nach einem Besuch des kostenlosen *Cable Car Museum,* wo du sehen kannst, wie die sonst unterirdisch verlegten Kabel um riesige Drehscheiben herumsausen.
➤ S. 47

SAN-FRANCISCO-INSIDER-TOUREN
Was tun, wenn du schon alles gesehen hast? Melde dich für eine der rund 80 (!) Touren der *San Francisco City Guides* an und lass dir von Ortsansässigen kostenlos unbekannte Winkel der Stadt zeigen.
➤ S. 137

BEST OF MIT KINDERN

SPANNENDES FÜR GROSS & KLEIN

ACTION FOR KIDS

Zwar mag es in San Francisco mehr Hunde als Kinder und mehr Drogensüchtige als Highschool-Besucher geben, doch die Stadt gibt nicht auf und bietet über *our415.org* Infos für Familien mit Kindern an. Auch sonst ist hier das ganze Jahr was los – und da kommen die eigenen Kids ganz von alleine mit den *locals* in Kontakt.

MUSEUM ZUM MITMACHEN

Das *Children's Creativity Museum* (Foto) will Kinder ab drei Jahren für Multimedia und Technik begeistern und mit interaktiven Exponaten und Aktivitäten die Kreativität der Kids fördern. Museen können sie, die Amerikaner.

➤ S. 54

ZOCKERPARADIES

Flipper- und Videospielautomaten kennst du noch aus deiner Kindheit, aber wann hast du die zuletzt gesehen? Und wie ist es mit Automaten, mit denen sich deine Großeltern amüsiert haben? Im *Musée Mécanique* kannst du deinen Kids das alles zeigen – und noch vieles andere mehr.

➤ S. 42

AB IN DEN ZOO

Im Südwesten der Stadt leben im riesigen *San Francisco Zoo* rund 250 Tierarten. Für Kinder toll sind auch ein historisches Karussell und ein kleiner Zug, der sie durch das Gelände kutschiert.

➤ S. 35

ZU BESUCH BEI MEISTER YODA

Etwas ältere Kinder erkennen den winzigen Gesellen, der den Springbrunnen vor dem Lucas-Film-Hauptquartier ziert: Es ist Jedi-Meister Yoda. In der Lobby hinter ihm warten weitere Filmdevotionalien auf kleine und große Star-Wars-Fans.

➤ S. 33

BEST OF

TYPISCH

DAS ERLEBST DU NUR HIER

BRÜCKE ÜBERS GOLDEN GATE

Das wohl bekannteste Wahrzeichen San Franciscos ist die *Golden Gate Bridge*. Der oft windige Fußmarsch wird mit den schönsten Aussichten belohnt.

➤ S. 30

VIKTORIANISCHE HÄUSERZEILE

Die *Painted Ladies* am Alamo Square Park sind nicht nur für Instagrammer ein Muss. Lauf ein paar Meter den Park hinauf – schon schwingen sich die Hochhäuser der Downtown im Hintergrund empor.

➤ S. 62

GEBRATENE HÜHNERFÜSSE?

Mit großer Sorgfalt bereiten chinesische Köche teils gewöhnungsbedürftige Spezialitäten zu, die dann auf Servierwagen direkt an den Tisch gefahren werden. Ein Muss, etwa im *Great Eastern*.

➤ S. 78

SEELÖWEN AM PIER 39

Seit Jahren besetzen Heerscharen von Seelöwen einen Bootssteg westlich des *Pier 39* (Foto). Die laute Truppe ist für viele eine größere Attraktion als der Pier mit all seinen Geschäften.

➤ S. 42, 89

MIT EIS ZUR LOMBARD STREET

Was ist noch besser als ein Eis von *Swensen's*? Mit dem Eis in der Hand den Autos zuzusehen, wie sie sich die kurvige *Lombard Street* hinuntermanövrieren.

➤ S. 74, 44

VOM BAUERNMARKT AUF DEN TISCH

Am *Ferry Plaza Farmer's Market* trifft sich die ganze Stadt. Küchenchefs kaufen hier biologisch angebaute regionale Zutaten ein, alle anderen lockt der Ausblick auf die Bucht – und Stände mit frisch zubereiteten Speisen.

➤ S. 88

SO TICKT SAN FRANCISCO

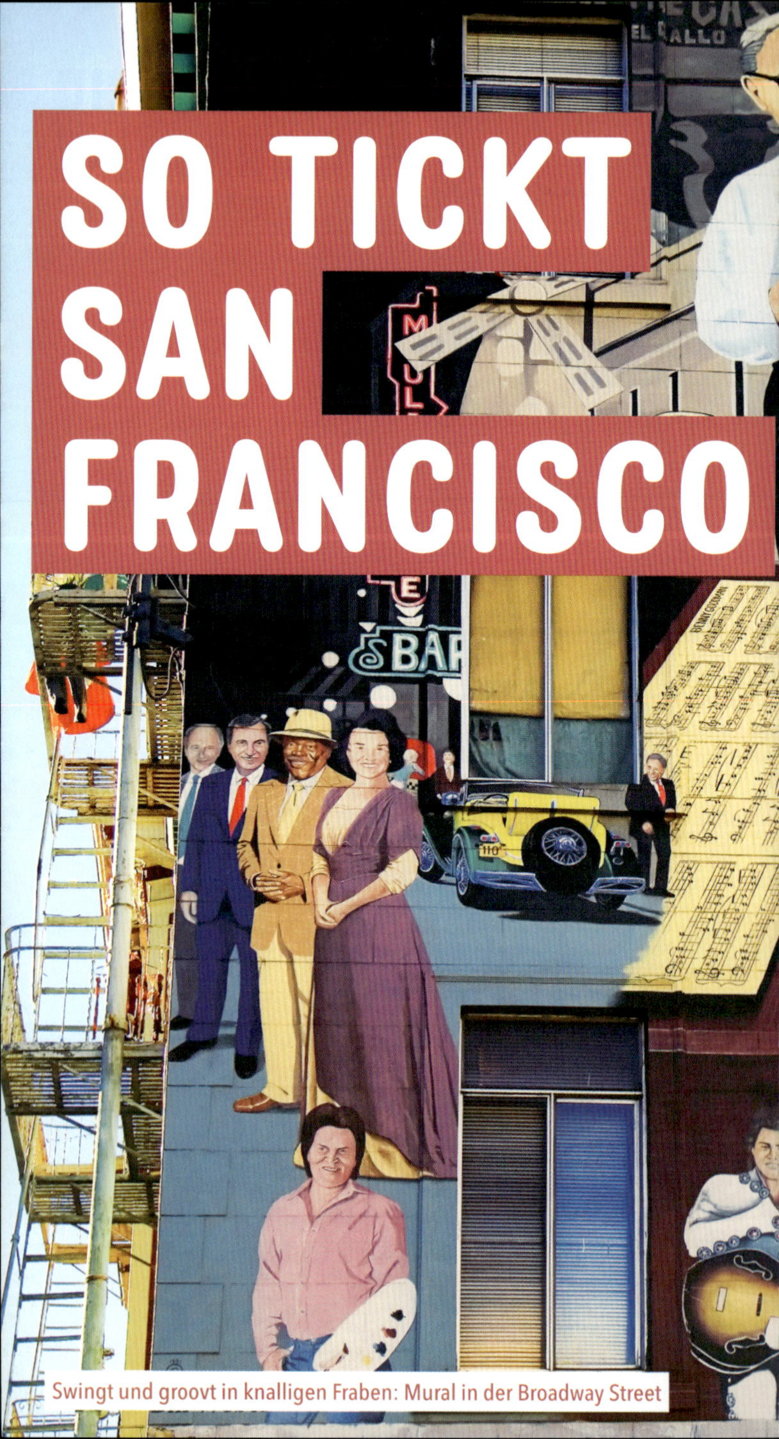

Swingt und groovt in knalligen Fraben: Mural in der Broadway Street

TONY KLAAS
www.BillWeberMuralist.com

ENTDECKE SAN FRANCISCO

Epizentrum des Tourismus: Irgendwann führt es jeden mal zum Fisherman's Wharf

Du planst einen Trip nach San Francisco, in eine der schönsten Städte der USA? Alles richtig gemacht! Vielleicht bist du schon auf dem Weg? Oder du sitzt bereits in einem Café vor Ort und weißt nicht, wo du zuerst hingehen sollst? Keine Panik, du bist in guter Gesellschaft: Vielen San Franciscans geht das auch nach Jahren noch so. Neben dem Pflichtprogramm wie dem Bestaunen viktorianischer Holzhäuser, der Cable Cars, der Golden Gate Bridge, Chinatown und der Seelöwen am Fisherman's Wharf buhlen das ganze Jahr über Dutzende von Festivals, Konzerten, Sportveranstaltungen und Straßenfesten um die Aufmerksamkeit von Anwohnern und Besuchern.

STÄNDIGE VERÄNDERUNG ALS KONSTANTE

San Francisco – na gut, sag eben flapsig-cool „San Fran" oder „The City", nur ja nicht „Frisco" – findet sich erst seit 1850 offiziell auf der Landkarte – und hat seit-

1776 Spanische Pioniere errichten Presidio und Mission Dolores

1846 Die USA schnappen sich Kalifornien im Mexikanisch-Amerikanischen Krieg

1849 Ein Goldrausch lockt Glücksritter und Händler an

1873 Die ersten Cable Cars kraxeln die Clay Street hinauf

1906 Ein Erdbeben mit anschließendem Feuer zerlegt große Teile der Stadt

1937 Die Golden Gate Bridge wird eröffnet

dem Kriege, Erdbeben und im Rathaus erschossene Lokalpolitiker mit links weggesteckt. Denn ständige Veränderung ist in San Francisco eine Konstante. Auf dem Heimatland der Ohlone-Indianer gründeten die Spanier mit dem Presidio 1776 eine erste Siedlung, die 1821 an die Mexikaner ging. 25 Jahre später kassierten die USA im Zuge des Mexikanisch-Amerikanischen Kriegs Kalifornien und damit auch San Francisco, das durch den Goldrausch von 1849 von 1000 auf 25 000 Menschen anwuchs.

FREIE SICHT AUFS WASSER

Von seinem heutigen Schmelztiegelcharakter war im letzten Jahrhundert noch wenig zu spüren: 1960 wohnten in der Hafenstadt rund 70 Prozent weiße Arbeiter der Mittelklasse. In den 1980ern rotteten die Hafenanlagen vor sich hin, während in der Innenstadt Banken und Dienstleister ihre prunkvollen Hauptquartiere hochzogen. Günstige, zentral gelegene Arbeiterhotels wurden eingeebnet und an ihrer Stelle die Messe- und Kulturtempel Moscone und Yerba Buena Center errichtet. Die nach dem großen Erdbeben von 1989 stark lädierten Stadtautobahnen riss man nach heftigen Debatten fast komplett ab. Gute Sache, denn heute joggt und flaniert man wieder vom Ferry Building zum Fisherman's Wharf und genießt dabei spektakuläre Aussichten auf Stadt und Bucht.

HIGHTECH REGIERT

Mitte der 1990er startete mit dem Siegeszug des Internets die Dotcom-Revolution. Deren Blase platzte zwar 2001, doch davon will heute keiner mehr etwas

1967 Hippies aus aller Welt feiern den Summer of Love

1989 Ein Erdbeben der Stärke 6,9 tötet 67 Menschen und verursacht $ 5 Mrd. Schaden

1993 Der erste Dotcom-Boom lässt Mieten und Preise explodieren

2004 Bürgermeister Gavin Newsom erlaubt die Homo-Ehe

2022 Die Golden State Warriors feiern die vierte NBA-Meisterschaft in nur acht Jahren

wissen: Auch wenn die Aktienkurse der Internet- und Techfirmen kräftig schwanken, schießen sowohl im Silicon Valley wie auch in San Francisco immer noch immer größere Bürogebäude in die Höhe. Andere Firmen versuchen einen Spagat zwischen Vergangenheit und Gegenwart: So schlug Twitter in einem seit langer Zeit leer stehenden Art-déco-Gebäude von 1937 seine Zelte auf, während Yelp ins historische Pacific Telephone Building zog. Im Zuge der Corona-Pandemie verließen jedoch viele große Tech-Firmen die Stadt oder gar den Staat Kalifornien. Die Folgen des Exodus: weniger Steuereinnahmen für beide.

MILLIONENSTADT IN SPE

Weil so viele in San Francisco ihren Start-up-Traum erfüllen wollen, wuchs die Bevölkerung der Stadt lange Zeit konstant. Jedenfalls bis 2018: In den Folgejahren verlor die Stadt rund zehn Prozent ihrer Einwohner. 2022 waren es nur noch rund 808000 (2017: 885000). Doch das Tal scheint durchschritten, denn noch immer locken Jobs bei Google, Apple, Facebook & Co. Die Mieten und Lebenshaltungskosten ziehen wieder an, die gerade mal 121 km² große Stadt droht wieder einmal aus allen Nähten zu platzen. Erschwerend kommt hinzu, dass der Pazifik und die San Francisco Bay den Ort an drei Seiten mit Salzwasser umschließen. Erwähnten wir die Berge – okay, die Hügelkette – im Süden der Stadt?

MIETEN WIE IN MANHATTAN

Die logische Folge: The only way is up! So schießen insbesondere im Stadtteil SoMa – kurz für South of Market – die Apartment- und Bürowolkenkratzer in die Höhe. Der größte Bauboom der letzten 30 Jahre sorgt nicht nur dort für Umbrüche: An der Market Street wie auf dem Russian Hill schlossen Traditionsgeschäfte, um für weit über hundert Eigentumswohnungen Platz zu machen. Auf dem Potrero Hill kämpften an sich krisenfeste Handwerker gegen den Rauswurf. Immobilienmakler und Investoren treiben den Preis der letzten Freiflächen in schwindelerregende Höhen. Oh, und die durchschnittliche Miete für eine Zweizimmerwohnung? Zuletzt warst du mit $ 3358 pro Monat dabei.

VERBRECHEN LOHNT SICH (NICHT)?

Um Kosten für Strafverfolgung und -vollzug zu sparen, sorgte ein Bürgerentscheid dafür, dass Eigentumsdelikte bis $ 950 nicht mehr als Straftaten, sondern als Ordnungswidrigkeiten gelten. Seitdem werden Ladendiebstähle weder groß gestoppt noch geahndet – heute gehören daher abgeschlossene Waschmittel- und Eisregale (!) etwa bei Walgreens zum Alltag. Spiel also nicht den Helden, wenn sich dort jemand den Rucksack vollstopft. Ende 2021 raubten Diebesbanden sogar Edelboutiquen rund um den Union Square aus. Weil dieses Viertel für rund 70 Prozent aller Tourismuseinnahmen der Stadt sorgt, steht dort nun eine mobile Polizeiwache. Auch Autos und deren Inhalte werden ebenfalls am helllichten Tag gestohlen – räum den Leihwagen deshalb immer leer.

Lombard Street – die verrückteste Serpentinenstraße der Welt

WILDE SCHÖNHEIT AM PAZIFIK

Aber warum will dennoch jeder in die City by the Bay? Die Antwort: Weil es hier zwar eng und laut, aber noch immer atemberaubend schön und einzigartig ist – und das an fast jeder Ecke. Etwa, wenn du mit letzter Kraft einen der rund 50 Hügel der Stadt erklimmst, dich in den von Westen wehenden Wind lehnst und den Sonnenuntergang an einem feuerroten bis vanillefarbenen Himmel genießt – so dir der legendäre Nebel nicht die Sicht versperrt. Oder wenn eine auf dem Telegraph Hill lebende, laut gackernde Papageienschar über dich hinwegflattert. Oder wenn du erlebst, wie eine Kindergartengruppe mit großen Augen die exotischen Auslagen der Händler in der Stockton Street mustert.

STADTLEBEN: VIELFÄLTIG UND PROGRESSIV

Etwa tausend verschiedene Volksgruppen nennen San Francisco ihr Zuhause. Sie alle wollen authentisch essen und leben. Daher besitzt fast jeder Stadtteil seine eigene kulturelle Identität. In Chinatown ist, unschwer zu erraten, alles komplett auf Chinesisch ausgeschildert. Einen Block weiter nördlich lockt das italienische Viertel North Beach: Hier sitzen italo-amerikanische Patriarchen an den Tischen vor den Restaurants der Columbus Avenue und schauen dem bunten Treiben zu. Im Mission District im Osten der Stadt machen Tech-Hipster den dort ansässigen Latinos Haus und Hof streitig – wobei die Latinos ihrerseits Deutsche, Iren, Italiener und Skandinavier vertrieben haben. Auch im Castro-Viertel gleich nebenan waren einst Iren und Skandinavier am Start. Heute flattert an der Ecke Castro und Market eine riesige Regenbogenfahne. Nicht von ungefähr: Laut Volkszählung aus dem Jahr 2021 erklärten nämlich 6,7 Prozent aller Bewohner der Bay Area, lesbisch, schwul, bi- oder transsexuell zu sein – mehr als in irgendeinem anderen Ballungszentrum der USA. 2004 setzte sich der damalige Bürgermeister Gavin Newsom prompt über das Verbot der erst 2013 in Kalifornien legalisierten Homo-Ehe hinweg und zeigte damit ganz plakativ, dass man in San Francisco in jeder Hinsicht tolerant und progressiv ist.

BEAT-POETEN UND FLOWER-POWER

Toleranz und Progressivität haben in San Francisco Tradition. Zwei markante Beispiele sind die poetisch-politische Beat-Generation um Jack Kerouac und Allen Ginsberg der 1950er-Jahre und natürlich der berühmt-berüchtigte Summer of Love von 1967. Vor 55 Jahren schlug im Haight-Ashbury-Viertel gleich rechts vom Golden Gate Park die Geburtsstunde der Hippie-Bewegung. Zehntausende Blumenkinder trafen sich hier, um die Werte der Gegenkultur der 1960er zu zelebrieren, darunter Kunst, Selbstfindung, Protest gegen Krieg, Konsumkultur und die Regierung. Freie Drogen und freien Sex nicht zu verschweigen. Hippies muss man heute mit der Lupe suchen. Stattdessen leben entlang der Haight Street zumeist jüngere Obdachlose. Für dich als Besucher überwiegen die positiven Effekte des ständigen Umbruchs: Dank hoher Bevölkerungsdichte ist der etwas eigenwillige öffentliche Personennahverkehr gut ausgebaut. Der bringt dich zu über 220 Parks und Orten zum Ausspannen – vom riesigen Golden Gate Park bis zu Mini-Parklets in Wohnvierteln. Oft veranstalten Anwohner öffentlicher Grünanlagen dort Aktionen wie Kunstausstellungen und Open-Air-Kinoabende. Halt also die Augen nach entsprechenden Plakaten an Laternenpfählen und Schaufenstern offen.

ZWANGSPAUSE FÜR DIE DIÄT

Augen auf auch, was das Essen betrifft: Neben der Qual der Wahl aus Hunderten von „normalen" Cafés und Restaurants boomt in San Francisco die Street-Food-Kultur: Statt Burger und Fritten gibt es frisch servierte kulinarische Höhenflüge aus aller Welt. Teilweise rotten sich einzelne Anbieter zu Wagenburgen zusammen, Livemusik inklusive – etwa bei Spark Social SF (s. S. 82). Google ist hier dein Freund, denn so schnell, wie die fahrbaren Küchen ihre Claims abgesteckt haben, so schnell fahren sie weiter zum nächsten Standort. Hab bei alldem keine Angst, nach dem Weg zu fragen. Die meisten San Franciscans sind auf der Stelle bereit, dir zu helfen – oder fragen schon von sich aus, wenn sie jemanden mit einem Stadtplan am Straßenrand stehen sehen. Denn das erinnert sie daran, dass sie in einer Stadt leben, in der jemand anderes Urlaub macht: in San Francisco, einer der schönsten Städte der Welt.

AUF EINEN BLICK

808 000
Einwohner

Frankfurt: 760 000

3358 DOLLAR

Monatsmiete für eine 2-Zimmer-Wohnung

4500
Restaurants

28 davon mit Michelin-Sternen

121,46 km²
Fläche

Heidelberg: 108,84 km²

232 000
HUNDE LEBEN IN DER STADT

aber nur 113 000 Kinder

HÖCHSTE TEMPERATUR
41,1 °C

GEMESSEN AM 1. SEPTEMBER 2017

110 000
DOLLAR BETRÄGT DAS DURCHSCHNITTS-EINKOMMEN

Deutschland: (umgerechnet) 54 000 Dollar

CA. 7,4 MILLIARDEN DOLLAR

machen Touristen jährlich hier locker

3 SPORTTEAMS

Giants (Baseball), 49ers (Football), Golden State Warriors (Basketball)

LETZTER DRINK: 1.30 UHR
Sperrstunde: 2 Uhr

ÜBER 220 PARKS UND ERHOLUNGSGEBIETE

SAN FRANCISCO VERSTEHEN

TWO BELLS!

So funktionieren die Cable Cars: Unter der Mittelschiene läuft das sich ständig bewegende Kabel. Seine Geschwindigkeit beträgt genau 9,5 Meilen pro Stunde, also knapp 15 km/h. Auf den beiden Außenschienen steht der 7 t schwere Wagen mit 34 Sitz- und 34 Stehplätzen auf der California-Linie und 29 Sitz- und 31 Stehplätzen auf den beiden Powell-Linien.

Läutet der *conductor* (Schaffner) zweimal die Glocke oder ruft er: „Two bells!", geht es los: Der *gripman* (Fahrer) zieht einen schweren Hebel zurück, dessen unteres Ende wie eine Pinzette nach dem Kabel greift (*to grip:* greifen). Bergab bremsen beide, was das Zeug hält. Im hochgradig unwahrscheinlichen Fall, dass alle Bremsen versagen, besitzt der *gripman* eine Notbremse: einen Keil, den er in die Mittelschiene rammt. Willst du aussteigen, melde dich beim *conductor* oder *gripman* an: „Next stop, please!" Wichtig: Bleib nicht in den gelb markierten Zonen stehen – den Platz brauchen *conductor* und *gripman* für ihre durchaus anstrengenden Manöver.

(VIDEO-)SPIELSTADT

San Francisco steht auch bei Designern von Computer- und Videospielen hoch im Kurs. Von „Advanced Warfare" bis „Zak McKracken" inszenierten sie bislang rund 140 Action-, Adventure- und Rennspiele in der Bay Area. In „Avengers" verdrischst du mit Marvel-Helden böse Roboter auf der Golden Gate Bridge, während du in „Horizon: Forbidden West" die Brücke in einer fernen Zukunft besuchst: Wie viele andere Wahrzeichen ist sie mit Pflanzen überwuchert und zerbröselt langsam in ihre Einzelteile. Deutlich gegenwärtiger ist „Watch Dogs 2". Darin steuerst du den Hacker Marcus Holloway, der es mit windigen Techfirmen, korrupten Politikern und schießwütigen Straßengangs zu tun bekommt – Geschichten wie aus dem richtigen Leben.

NÄCHSTER HALT: GOOGLE

Hunderte von Privatbussen stoppen morgens und abends minutenlang an Muni-Haltestellen und zwingen städtische Vehikel und deren Passagiere zu oft wilden Halte- und Ausstiegsmanövern. Hinter diesen Transportaktionen stecken Firmen wie Google, Apple, Facebook, Netflix und Electronic Arts, die ihre Mitarbeiter von der Stadt hinaus ins Silicon Valley kutschieren – Internet an Bord inklusive. Alteingesessene San Franciscans beobachten das Spektakel mit äußerst gemischten Gefühlen, denn die so hofierten Hard- und Software-Entwickler, die lediglich zum Schlafen und Feiern in die Stadt zurückkehren, wissen oft nicht, was außerhalb ihrer schönen neuen Welt vorgeht. Und da sie im Durchschnitt gerade rund zwei Jahre im Job verbringen, bevor sie weiterziehen, müssen sie das auch nicht.

TOTAL BEKLOPPT

Eine verrückte Stadt wie San Francisco zieht natürlich auch verrückte Typen an. Schon 1854 ernannte sich beispielsweise Joshua A. Norton hier zum Kaiser der USA. Einer von Nortons Erben ist Frank Chu, der auch 2023 noch immer mit bizarren Protestplakaten durch die Innenstadt zieht. Darauf stehen täglich neu sinnlose Buchstabenkombinationen wie „YETROJRENIUL" oder „KITROGRUNIOL PODCASTS". Chu protestiert nach eigenen Angaben damit gegen US-Präsidenten, die ihn „mit den zwölf Galaxien um 20 Mia. Dollar gebracht haben". Ist Chu ein von allen geliebter Performancekünstler oder hat er einfach nur eine Schraube locker? Die San Franciscans lieben ihn und die vielen anderen Originale der Stadt in jedem Fall. Etwa jene, die ihre Ente oder ihr Schwein an der Leine ausführen. Letzteres heißt übrigens LiLou *(lilouthepig.com)* und ist sogar eine offiziell verbriefte Flughafentherapeutin. LiLou soll durch ihre Auftritte in den Terminals bei unruhigen Reisenden Flugangst und sonstige Erregung lindern.

GRÜNE WELLE

San Francisco ist ein Vorreiter in Sachen Umweltschutz und Nachhaltigkeit, Mülltrennung und Recycling. Plastiktüten, die in Bäumen und Sträuchern herumwehen oder über die Kanalisation in den Pazifik gespült werden? Per Gesetz theoretisch verboten. Kleinere Läden und Restaurants nutzen sie immer noch. Der öffentliche Nahverkehr setzt verstärkt auf Hybrid- sowie Elektrobusse und Straßenbahnen, deren Energie in einem Wasserkraftwerk im Yosemite National

Absolutes Touristen-Muss: die Fahrt mit einem Cable Car

Wabernder Nebel lässt die Golden Gate Bridge aus dem Nichts wachsen

Park gewonnen wird. Die restlichen Busse bekommen nur noch Biodiesel in den Tank. Wem selbst das noch zu umweltschädlich ist, geht in San Francisco zu Fuß oder nutzt das Fahrrad. Wer keins hat, mietet sich eins an den Dutzenden von Bay-Wheels-Stationen der Stadt. Kostenpunkt: $ 3,49 für 30 Minuten. Achtung: E-Bikes kosten für den gleichen Zeitraum $ 12,49.

SOMMER IM HERBST

Wer im Sommer mit kurzen Hosen und T-Shirt durch die Stadt schlottert, outet sich augenblicklich als Tourist. Einheimische wissen nämlich: Der wahre Sommer beginnt erst im September. Das liegt primär am stadtbekannten Nebel, dessen Schwaden sich wie flüchtende Schafherden vom Westen her über die Stadt legen. Der Grund ist der Wettkampf von warmer Luft aus der East Bay und der kalten Meeresluft. So ist es keine Seltenheit, dass es morgens kühl und bewölkt, mittags sonnig und abends ab etwa 16 Uhr windig und dann wieder vernebelt ist. Pack deshalb eine Jacke ein und heb dir die Shorts für einen Besuch im Herbst auf, falls du schnell frierst. Zur Not helfen auch die Händler in Chinatown mit einer Fleecejacke weiter. Oder erkunde Berkeley und Oakland in der East Bay – da ist es wärmer.

STROM STATT BENZIN

Nach Hybridautos wie dem allgegenwärtigen Toyota Prius dreht sich in San Francisco längst keiner mehr um. Wer zeigen will, dass er ein Herz für die Umwelt und eine dicke Brieftasche hat, fährt ein Elektroauto. Etwa den

Tesla Model 3 (ab $ 42 990), der auf der anderen Seite der Bay Bridge in Fremont gebaut wird. Auch immer mehr Hotels, Läden und Lokale springen auf den Trend auf. Sie stellen Ladestationen für E-Bikes und -Autos auf, beispielsweise am Rathaus *(1 Dr. Carlton B. Goodlett Place)*. Besucher mit Elektroauto finden die nächste Station mithilfe der Google-Umkreissuche unter dem Begriff „Electric Vehicle Charging Station".

KULTURPARTY

Social networking einmal anders: Coole San Franciscans gehen auch abends ins Museum – um einen Cocktail zu schlürfen und eine Musik-, Gedicht- oder Tanzperformance zu erleben. Okay, tagsüber müssen die meisten schließlich arbeiten. Aber dann: Bis zu 3000 Gäste feiern sich und die Künste jeden Freitagabend im De Young Museum. Ähnlich bunt geht es donnerstags im Exploratorium After Dark und der California Academy of Sciences zu. Auch im Asian Art Museum, im San Francisco MoMa und im Fort Mason Center finden Events nach Sonnenuntergang statt.

INSIDER-TIPP
Partystimmung im Museum

MUSIK NONSTOP

Die Bay Area ist und bleibt ein echtes Musikmekka. So bezogen in der 710 Ashbury Street die Grateful Dead ihr Hauptquartier, die in den 1960ern und 1970ern den Soundtrack zur Hippie-Bewegung produzierten. „Don't stop believing" von den Journey-Rockern erklingt noch heute als Hymne

KLISCHEE KISTE

ALLES HIPPIES?

Okay, der *Summer of Love* ist schon ein paar Jahre her, doch seit 1967 können doch nicht alle Hippies verschwunden sein? Jein. Viele entzünden nach wie vor Räucherstäbchen in ihren dank *rent control* gerade noch bezahlbaren Wohnungen. Doch junge Leute, die an *peace*, *love* und *happiness* glauben und mit Gitarre und Strohhut in die Stadt ziehen? Eher Fehlanzeige. Allenfalls die engagierten jugendlichen Helfer der Non-Profit-Organisation YWAM (in Deutschland unter dem Namen „Jugend mit einer Mission" vertreten), die im Tenderloin Obdachlose betreuen, passen noch in diese Kategorie.

ALLES REICHE TECH-BROS?

„To make the world a better place" ist die inzwischen ironisch-legendäre Begründung, warum junge Uniabsolventen nach San Francisco ziehen. Einige haben eine Start-up-Idee, andere wollen bei Facebook, Apple und Google im nahen Silicon Valley Karriere machen. Doch neun von zehn Startups scheitern, und selbst von jenen Techies, die es geschafft haben und Topgehälter beziehen, können sich hier nur 38 Prozent ein Haus leisten. Und noch eine Zahl: Weniger als 20 Prozent der San Franciscans arbeiten überhaupt in der Tech-Branche.

der Giants im Baseballstation. Und seit den 1960ern sind auch die Steve Miller Band und Santana aktiv – genau wie Huey Lewis and the News und Chris Isaak, der regelmäßig am Ocean Beach surfen geht. In die Grunge-Welle der 1990er stiegen Third Eye Blind, die Counting Crows und Green Day ein, während sich Dan the Automator und MC Hammer um die Portion HipHop kümmern.

Und wo gaben die Beatles ihr letztes Konzert? Richtig, im Candlestick-Park-Stadion in San Francisco. Ehrensache, dass Sir Paul McCartney der Letzte war, der vor dem Abriss des „Stick" dort aufspielen durfte.

KNÖLLCHEN & SCHNECKENTEMPO

In San Francisco gibt es rund 400 000 Autos – aber nur 275 000 Straßenparkplätze. Kein Wunder, dass die Polizei nicht mit Strafzetteln spart: 2022 verteilte sie gewaltige 1,1 Mio. Knöllchen. In den Top Ten der verstopftesten Städte der USA belegte San Francisco 2023 den 7. Platz , direkt nach Los Angeles. Die Spitzenreiter? Chicago (Platz 1), Boston (Platz 2) und New York (Platz 3). Und machte sich früher der Berufsverkehr erst gegen 15 Uhr auf den Straßen breit, geht heute auf vielen Downtown-Strecken schon ab der Mittagszeit nichts mehr. Die Stadtbewohner legen sich daher wichtige Termine in die Morgenstunden.

Viele verzichten verständlicherweise auch ganz auf das Auto. Wenn aber wie so oft kein Bus in Sicht ist oder ein Wolkenbruch dem Fußmarsch einen Strich durch die Rechnung macht, sind Uber und Lyft zur Stelle. Allerdings nicht mehr so oft und so günstig wie vor der Pandemie: Beide Anbieter führten zwischen Juni 2019 und Juni 2022 satte 48 Prozent weniger Fahrten durch, die im gleichen Zeitraum 38,5 Prozent teurer wurden. Als Alternative bleibt vielen San Franciscans da nur, einen Elektroroller zu mieten. Tausende davon blockierten anfangs in Wildwestmanier überall die Bürgersteige – ohne Genehmigung. Sie wurden prompt von der Stadt einkassiert und sind nach einigem Hin und Her inzwischen legal in noch größerer Zahl am Start.

SUPPORT THE LOCALS

Megaketten wie McDonald's, Wal-Mart oder Starbucks werden von den San Franciscans nur begrenzt gern gesehen. Sie gehen lieber in Geschäfte und Restaurants in der Nachbarschaft, die oft als Familienunternehmen geführt werden – auch wenn das ein paar Dollar mehr kostet. Hier vertreibt der Inhaber einen meist nicht nach einer Viertelstunde, um Platz für neue Kundschaft zu schaffen. Und obendrein tummelt sich in einem *locally owned place* das interessantere Publikum. Wenn man es hinter dem Laptop-Bildschirm erspähen kann, versteht sich.

KEINE MACHT DEN DROGEN

Obdachlosigkeit ist ein Problem, das die Stadt einfach nicht in den Griff bekommt – trotz drei- bis vierstelliger Millionensummen im Jahresbudget. 2022 lebten 100 000 oder 30 Prozent aller Obdachlosen der USA in Kalifor-

Auch in San Francisco liegen *locally owned* Cafés und Geschäfte voll im Trend

nien, 7754 davon in San Francisco. 52 Prozent von ihnen sind alkohol- und drogensüchtig, oft mit tödlichem Ausgang. Seit 2020 starben in San Francisco über 2000 Menschen an einer Überdosis – mehr als an Corona. Das Opioid Fentanyl sorgt dabei für den größten Teil der Opfer. Wenn dich jemand um Geld bittet, frag den Bittsteller daher stattdessen, ob du ihm etwa ein Stück Pizza kaufen kannst – oder gib ihm die eingepackten Reste einer üppigen Restaurantmahlzeit.

ERDBEBENALARM

Kinofans wissen: Hollywood zerlegt die City by the Bay auf oft spektakuläre Weise in ihre Einzelteile. Doch selbst ein Action-Kracher wie San Andreas beruht auf Tatsachen: Unter der Bay Area verlaufen etliche Verwerfungslinien tektonischer Erdplatten, die immer wieder aneinanderrumpeln.

Die zwei großen Erdbeben von 1906 und 1989 sind mitnichten Einzelgänger – fast täglich wackelt es irgendwo in Nordkalifornien. Nicht immer geht das so glimpflich aus wie 2014 im Napa Valley, wo zum Glück nur Sachschaden auf zahlreichen Weingütern entstand. Denn Geologen melden: Die Wahrscheinlichkeit eines Bebens der Stärke 6,7 in den nächsten 20 Jahren ist größer als 99 Prozent. Kundschafte deshalb die Fluchtwege aus Hotels, Einkaufszentren und anderen großen Gebäuden aus – und halt den Rucksack mit Papieren, Wasserflasche & Co. auch nachts griffbereit.

SIGHT SEEING

Derzeit wohnen rund 808 000 Menschen in San Francisco – Tendenz nach dem großen Corona-Exodus wieder steigend. Die Mehrheit ist zugereist, über ein Drittel sogar von außerhalb der USA, wie Chinatown und Mission District eindrucksvoll belegen. Dir und den Besuchern bietet die Stadt mit ihren über 50 Hügeln unendliche Erkundungsmöglichkeiten.

Jedes Stadtviertel hat seinen eigenen Charme, überall buhlen Museen und Parks von Weltklasse um deinen Besuch. Erwähnten wir die Hunderten von Restaurants? Praktisch jede Nation der Erde ist in

Alle Adressen in diesem Kapitel findest du auf der Faltkarte

Verspielt und kunterbunt: Victorian House am Alamo Square

der Stadt vertreten. Da die Konkurrenz nicht schläft, kannst du davon ausgehen, dass du in der überwiegenden Mehrheit der Lokale hervorragende Kost serviert bekommst. Und wenn du dem Getümmel etwa von Downtown, Chinatown oder der Haight Street entfliehen willst: Der Westen der Stadt lockt nicht nur mit dem herrlichen Golden Gate Park mit seinen Miniparks und Museen. Gleich nebenan befindet sich der Ocean Beach – ein kilometerlanger, fast immer windiger Sandstrand, an dem sich die Wellen des eiskalten Pazifiks brechen. Ein Paradies für Surfer und Spaziergänger gleichermaßen.

DIE STADTVIERTEL IM ÜBERBLICK

MARCO POLO HIGHLIGHTS

★ **GOLDEN GATE BRIDGE**
Die vielleicht berühmteste Brücke der Welt ➤ S. 30

★ **PRESIDIO**
Bis 1995 Militärbasis, heute Park-, Museums- und Wohnanlage ➤ S. 32

★ **CLIFF HOUSE**
Tolle Aussicht auf den tosenden Pazifik vom westlichsten Punkt der Stadt ➤ S. 35

★ **FISHERMAN'S WHARF**
Beliebter Touristentreff: Pier mit vielen Attraktionen ➤ S. 40

★ **ALCATRAZ ISLAND**
Die berüchtigte Gefängnisinsel in der Bay ➤ S. 41

★ **LOMBARD STREET**
Serpentinenstraße, auf der die Verfolgungsszenen vieler Actionfilme gedreht werden ➤ S. 44

★ **CABLE CARS & F-LINE**
Eine Fahrt mit den rollenden Museen ist ein absolutes Muss ➤ S. 49

★ **ASIAN ART MUSEUM**
Die Sammlungen sind legendär: Kunstschätze aus Japan, China, Indien und Korea – alle bestens präsentiert ➤ S. 59

★ **MISSION DOLORES/ MISSION DOLORES CEMETERY**
Das älteste Gebäude: die Missionskirche der spanischen Padres ➤ S. 64

★ **GOLDEN GATE PARK**
Grüne Oase mit tollen Museen inklusive atemberaubendem Planetarium ➤ S. 65

WOHIN ZUERST?

Mit vielen Cafés, Restaurants und Läden in der Umgebung ist der **Union Square** *(▭ j3)* ein idealer Startpunkt. Mit dem Cable Car bist du schnell am Fisherman's Wharf, die historische F-Line bringt dich zum Ferry Building und zu Pier 39. Am Union Square halten auch die Muni-Linien 2, 8, 30, 38 und 45. Dein Auto parkst du am besten in der Tiefgarage unter dem Platz.

GOLDEN GATE BRIDGE & PRESIDIO

Golden Gate, Presidio und Lincoln Park – die drei Stadtviertel sind Teil der Golden Gate National Recreation Area, eines Nationalparks in San Francisco. Zu diesem Gebiet gehören neben dem Golden Gate Park und der Golden Gate Bridge auch die Marin Headlands sowie die Muir Woods im Norden.

Die hier und in den angrenzenden Wohngebieten residierenden San Franciscans bezahlen den sagenhaften Blick auf das Wasser der Bucht in den Sommermonaten oft mit dem Nebel, der sich an so manchem Nachmittag wie eine Daunendecke über die Stadt legt und sogar die höchsten Wolkenkratzer umhüllt. Bei klarer Sicht entschädigen dafür umso mehr spektakuläre Blicke auf San Francisco und die Bucht.

1 GOLDEN GATE BRIDGE ★ ⚑

Golden Gate? Aber die Brücke ist doch orangerot? Eins nach dem anderen: Das Golden Gate ist die Meerenge zwischen San Francisco und den Hügeln von Marin County, die 1848 vom Entdecker John C. Fremont so genannt wurden, weil sie ihn an das Gol-

Golden Gate Bridge: wagemutige Konstruktion und Wahrzeichen San Franciscos

dene Horn in Istanbul erinnerte. Der Brückenanstrich in der Farbe „International Orange" sollte eigentlich nur die Grundierung für eine graue bzw. schwarz-gelbe Lackierung sein, doch Berater Irving Morrow überzeugte Baumeister Joseph B. Strauss, die Farbe beizubehalten. Gute Sache. Am 5. Januar 1933 begannen die Bauarbeiten, am 27. Mai 1937 stand die Golden Gate Bridge. Kostenpunkt: $ 35 Mio. Elf Bauarbeiter starben in diesen Jahren bei einem Sturz ins Meer, 19 weitere überlebten dank eines Fangnetzes.

2,7 km ist sie lang, die Hängebrücke, wenn man die Autobahnauffahrten auf beiden Seiten mitrechnet. Der Hängeteil allein misst 1966 m. Er wird von dicken Stahlkabeln getragen, die aneinandergelegt rund 128 000 km lang wären, also dreimal den Erdball umspannen könnten. Die beiden Brückentürme ragen 227 m hoch, und zwischen dem Meer und der Fahrbahn liegen 67 m.

Zum 75. Geburtstag der Brücke entstand an der südlichen, stadtseitigen Auffahrt ein neues *Besucherzentrum (tgl. 9–18 Uhr | Eintritt frei)*, von dem aus auch geführte Brückentouren starten. Solltest du die Brücke mit dem Leihwagen überqueren, frag unbedingt den Vermieter, wie der seit 2013 nur noch maschinell erhobene Brückenzoll gehandhabt wird, um Strafgebühren zu vermeiden.

Die Muni-Buslinie 76X ist derzeit noch außer Betrieb, also nimm das Auto oder das Fahrrad, um die steilen Straßen der Marin Headlands zu erklimmen. Steig aus oder ab und folg den Schildern zum Hawk Hill, von dem aus dir die ganze Bucht zu Füßen liegt. *Brückenmaut $ 8,40, Fußgänger und Fahrradfahrer kostenlos | Muni 28 19th Ave. bis Toll Plaza | Golden Gate Transit Busses von Market Street/Ecke 7th St. North* | E–F1

INSIDER-TIPP
Der beste Blick auf die Stadt

2 FORT POINT

Der 1853–61 gebaute Armeestützpunkt mit seiner einzigartigen Ostküstenbauweise erwartet euch mit spektakulärem Blick auf die Golden Gate Bridge und einem *Museum (Fr–So 10–17 Uhr | Eintritt frei | nps.gov/fopo)*, in dem ihr uach u. a. einen Film über den Bau der Brücke ansehen könnt. *Muni 28 19th Avenue* | F1

3 GOLDEN GATE PROMENADE

Der Landstrich zwischen Aquatic Park und Golden Gate Bridge ist noch nicht so überlaufen wie etwa der Pier 39.

„Einen Brunnen mir bauen du musst" – Yoda Fountain in Presidio

Hier joggen und spazieren die San Franciscans den ganzen Tag.

INSIDER-TIPP
Miniurlaub am Wasser

Die gut 5 km von Fort Mason bis zur Golden Gate Bridge sind ein äußerst lohnenswerter Ausflug mit spektakulären Aussichten auf San Francisco und die Bucht. Über Aquatic Park, Fort Mason und den nördlichen Ausläufer des auf Schutt gebauten Marinabezirks erreicht ihr den ehemaligen Post- und Militärflughafen *Crissy Field (parksconservancy.org)*. Der sah vor einigen Jahren alles andere als schön aus, doch Anwohner, Unternehmen und Schulen setzten über 100 000 Pflanzen, um das ursprüngliche Erscheinungsbild des Areals wiederherzustellen.

Hier sind auch zahlreiche Wind- und Kitesurfer aktiv, weniger Mutige lassen in der oft recht windigen Gegend einen Drachen steigen. Ein Fußweg an der Westseite (s. Erlebnistour S. 126) führt zur Golden Gate Bridge. *Muni 43 Masonic* | *G–J2*

4 PRESIDIO ★

Das einst von den Ohlone-Indianern bewohnte Gebiet mit einer atemberaubenden Aussicht im Nordwesten der Stadt wurde seit 1776 von Spanien, Mexiko und den USA als Militärbasis genutzt. 1994 verließ die Army das Areal, drei Jahre später übernahmen der *National Park Service* und der *Presidio Trust* hier die Aufsicht.

Alte Militärgebäude wurden umgewandelt in Büros, Schulen und Wohnungen. Im 2017 fertiggestellten *Visitor Center (10–17 Uhr | Eintritt frei)* mussten früher Militärgefangene schmachten. Heute locken toll aufbe-

reitete Infos über Park, Region, Land und Leute – ein guter Start für einen Besuch, weil direkt nebenan auch jede Menge Busse halten. Und natürlich darf der unvermeidliche *gift shop* nicht fehlen, der dankbarerweise mit hochwertigen Produkten bestückt ist.
Festivals, Konzerte und Freilichttheater sorgen für kulturelle Höhepunkte. Der *Officers' Club (50 Moraga Av.)*, das mutmaßlich älteste Gebäude an der Westküste der USA, wurde restauriert und bietet Ausstellungen und ein windgeschütztes Restaurant.
Im Presidio hat auch Star-Wars-Erfinder George Lucas mit drei Firmen Stellung bezogen, die heute zum Disney-Konzern gehören. Das wird schon am Eingang des *Letterman Digital Arts Center* sichtbar, den der *Yoda Fountain* schmückt, ein Springbrunnen mit einer Figur des weisen Meisters Yoda. Die Lobby dahinter ist während der Bürozeiten für die Öffentlichkeit geöffnet. Hier gibt es Filmdevotionalien sowie lebensgroße Statuen, etwa von Darth Vader und Boba Fett. Im Park hinter dem Gebäude kann man wunderbar relaxen und versteckte Filmanspielungen hinter den Statuen suchen. *Muni 43 Masonic* | *E–J 3–5*

5 SAN FRANCISCO NATIONAL CEMETERY

Auf dem Soldatenfriedhof liegen die seit 1854 Gefallenen ordentlich in Reih und Glied: 100 000 m² an gleichförmigen Grabsteinen auf dem Gelände des Presidio. Heute würden Immobilienmakler bei dem Gedanken an dessen Lage die Hände über dem Kopf zusammenschlagen – was für eine Verschwendung von Baugrund! Millionen an entgangenen Profiten! Deswegen findet jetzt in San Francisco kein Zivilist mehr die ewige Ruhe: Verstorbene werden seit Langem südlich der Stadt begraben, etwa in Colma oder Daly City. Pietät war schon 1901 ein Fremdwort: Die Grabsteine des aufgelösten Friedhofs im Lincoln Park wurden als Baumaterial verwendet. *Eingang: McDowell Av./Ecke Lincoln Blvd. | Muni 43 Masonic | G3*

6 FARALLONES VISITOR CENTER

Westlich der Stadt liegt der Pazifik – und darin das *Gulf of the Farallones National Marine Sanctuary*, ein rund 3000 km² großes Wasserschutzgebiet. In seinem Zentrum: die Farallon-Inseln, auf denen mehr Seevögel brüten als irgendwo sonst auf dem US-Festland. Über 36 Meeressäugetierarten leben dort, darunter bedrohte Spezies wie Blau- und Buckelwale. Im *Besucherzentrum* an der Westseite des Crissy Field können Klein und Groß im Sand nach Haifischzähnen suchen, das Fell eines Seeotters streicheln und eine Seeanemone füttern. *Mi–So 10–16 Uhr | Eintritt frei | 991 Marine Drive | farallones.org | Golden Gate Transit Bus 101 | G2*

7 WALT DISNEY FAMILY MUSEUM

In einem behutsam erweiterten Presidio-Gebäude, das früher Sporträumlichkeiten des Armeepostens beherbergte, führen zehn spektakuläre Galerien durch das Leben des Micky-Maus-Schöpfers. Dazu gibt es Lesungen, Vorführungen und seltene Filme aus den Disney-Archiven. Ein Muss! *Do–So 10–17.30 Uhr | Eintritt $ 25, Kinder $ 15 | 104 Montgomery Street | waltdisney.org | Muni 43 Masonic | 2–3 Std. | H3*

8 BAKER BEACH

Zwischen Golden Gate Bridge und dem Villenviertel Seacliff, in dem u. a. Metallica-Gitarrist Kirk Hammet wohnt, befindet sich der Baker Beach. Schwimmen ist hier aufgrund tückischer Strömungen weniger angesagt, doch Sandburgenbauen oder eine Verschnaufpause mit herrlicher Aussicht auf die Golden Gate Bridge und die Marin Headlands lässt einen den Trubel der Stadt vergessen. *Muni 29 Sunset | E3–4*

9 PALACE OF THE LEGION OF HONOR

Der Palast der Ehrenlegion kommt dir bekannt vor? Gut möglich, denn er ist ein um 25 Prozent verkleinerter Nachbau des Pariser Originals. Das sehr empfehlenswerte Museum beherbergt eine große Sammlung europäischer Kunst der letzten 4000 Jahre: Gemälde, Töpferkunst, Skulpturen und über 90 000 Drucke, Zeichnungen und Bücher der *Achenbach Foundation for Graphic Arts* – Werke von

Das hoch auf dem Fels liegende Cliff House gehörte einst dem Unternehmer Adolph Sutro

Dürer, Gauguin und Kandinsky inklusive. Dazu kommen wechselnde Ausstellungen. *Di–So 9.30–17.15 Uhr | Eintritt $ 15, gültig auch für das De-Young-Museum, erster Di im Monat frei | legionofhonor.org | Muni 38 Geary | ⏲ 2–3 Std. | 🕮 B6*

10 CLIFF HOUSE ★

Das Cliff House gibt's schon seit 1863, auch wenn der ehemalige Präsidenten- und Industriellensitz aktuell etwas anders aussieht. Statt mit der Straßenbahn geht's heute mit Bus, Fahrrad oder Auto an den westlichsten Punkt der Stadt, kostenloses Parken inklusive. Bei Tag erblickst du regelmäßig vorbeiziehende Pelikane, Seelöwen, Delphine und Wale und abends einen der romantischsten Sonnenuntergänge der Stadt. Zu Redaktionsschluss fanden noch Verhandlungen zwischen dem National Park Service – dem Betreiber des Cliff House – und zukünftigen Restaurantbesitzern statt. Vom Balkon des Cliff House gibt es derweil einen kostenlosen und spektakulären Ausblick über den Pazifik – so wie übrigens auch vom *Sutro Heights Park* auf der anderen Straßenseite. Nimm dir einfach ein Sandwich mit und genieß es von dort oben. *Muni 38 Geary | 🕮 A7*

11 SAN FRANCISCO ZOO

In Nordkaliforniens größtem zoologischen Garten leben über 2000 teils vom Aussterben bedrohte Tiere. Für $ 5 gibt's einen Schlüssel im Tierformat, der überall im Zoo Geschichten und Fakten freischaltet. Schön: eine Fahrt mit dem nostalgischen *Dentzel*

Carousel ($ 4) und dem *Little Puffer Miniature Steam Train ($ 7). Tgl. 10–17 Uhr | Eintritt $ 25, Kinder $ 18, mit Muni-Fahrkarte $ 1 Rabatt | 1 Zoo Road | sfzoo.org | Muni L Taraval | ⏲ 3–4 Std. |* 🕮 *a3*

12 MARIN HEADLANDS

Bei gutem Wetter unbedingt einen Ausflug wert – auch wenn du nur den Südzipfel der gewaltigen Parkanlage besuchst, der dir einen tollen Blick auf San Francisco und die Golden Gate Bridge bietet. Wer mehr Zeit hat, kann auch das historische Fort, einen Leuchtturm, eine ehemalige Raketenabschussbasis und das Besucherzentrum erkunden – oder eine Wanderung auf einem der zahlreichen Wanderwege machen. *Tgl. Sonnenauf- bis Sonnenuntergang | nps.gov/goga/marin-headlands.htm | Golden Gate Transit 101 |* 🕮 *b2*

MARINA & PACIFIC HEIGHTS

Keine 100 Jahre alt ist das Marina-Viertel, dessen Untergrund sich größtenteils aus erdbebenanfälligem Schutt zusammensetzt. Die gelegentlich als Schickimicki-Typen belächelten Bewohner entschädigt die Nähe zum Wasser.

Wer in den millionenschweren Villen der etwas höher gelegenen *Pacific Heights* residiert, muss seinen Reichtum nicht mehr unter Beweis stellen. Hier wohnen u. a. Autorin Danielle Steele und Schauspielerin Julia Roberts. Werft doch mal einen Blick in die Villen, die hier zum Verkauf stehen. Meist sonntags sind sie hier wie

In der Chestnut Street im Marina District heißt es sehen und gesehen werden

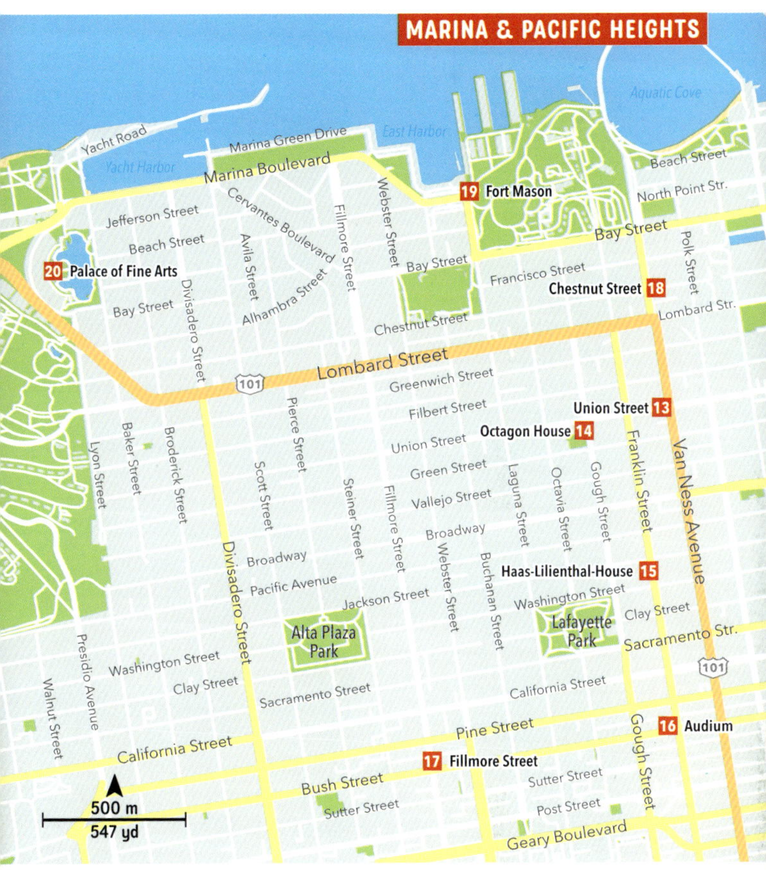

überall in San Francisco für Interessenten geöffnet. Informiert euch einfach online und in der Zeitung darüber, wann und wo die Besichtigungen stattfinden.

13 UNION STREET

Auf der Union Street zwischen Steiner und Franklin Street führen die Reichen und Schönen fesch frisiert, aber im Yoga-Outfit ihre Hunde und Kinder aus. Die Straße liegt genau zwischen den Stadtteilen Pacific Heights und Marina – du merkst es daran, dass es hier besonders viele Antiquitätenhändler, Juweliere, Einrichtungshäuser, Kunstgalerien und Schönheitssalons gibt. Oh, und einen etwas weniger überlaufenen Apple Store. *Muni 30 Stockton* | *g2*

14 OCTAGON HOUSE

Mitte des 19. Jhs. gab's noch keine YouTube-Ernährungsgurus – da glaubte man, dass das Wohnen in einem achteckigen Haus zu einem gesünderen, zufriedeneren Leben verhelfen würde. In diesem 1861 erbauten Haus kannst du das ein paar Stunden lang selbst überprüfen. *2. und 4. Do und 2. So im Monat 12–15 Uhr, außer Jan. | Eintritt frei | 2645 Gough Street | nahe Union Street | Muni 45 Union/ Stockton | g2*

15 HAAS-LILIENTHAL-HOUSE

Schade: Die meisten viktorianischen Häuser darfst du nur von außen bewundern. Daher schnell rein in dieses wunderschöne Prachtstück, das 1886 von William Haas erbaut wurde – einem bayerischen Lebensmittelhändler aus Reckendorf. Keine Angst, weißblaue Tischdecken gibt's darin nicht! *Sa/So, Touren um 12, 13 und 14 Uhr | Eintritt $ 10 | 2007 Franklin Street | nahe Washington Street | Muni 27 Bryant | 30 Min. | g3*

16 AUDIUM

INSIDER-TIPP
Hörabenteuer im Dunkeln

Stan Shaff und sein Sohn Dave erschaffen im ersten Hörmuseum der Welt mit alltäglichen und ungewöhnlichen Tönen aus 169 Lautsprechern absolut faszinierende Klangwelten – in absoluter Dunkelheit. Ein Erlebnis, von dem ihr noch lange erzählen werdet. *Do–Sa 19.15 Uhr | Eintritt $ 25 | 1616 Bush Street | audium.org | Muni 38 Geary | 1 Std. | g3*

17 FILLMORE STREET

Auf der Fillmore Street zwischen Broadway und Geary Street geht es einen Hauch bodenständiger als etwa auf der Chestnut Street zu. Dabei bieten die Läden und Restaurants nicht weniger Auswahl, doch die Bewohner dieses Viertels sind wesentlich nahbarer – was die Wahrscheinlichkeit einer spontanen Unterhaltung deutlich erhöht. *Muni 1 California | L3–6*

18 CHESTNUT STREET

Die Chestnut Street zwischen Divisadero und Fillmore Street im Herzen des Marina-Stadtteils beherbergt schicke Bistros, Straßencafés und edle Boutiquen. Untypisch für eine US-Großstadt gibt's in San Francisco zahlreiche solcher beinahe autarken Wohngebiete, in denen die Anwohner alles, was sie zum Leben brauchen, bequem zu Fuß erreichen können. *Muni 30 Stockton | g2*

19 FORT MASON

Der ehemalige Militärstützpunkt Fort Mason ist heute ein vielfältiges Kulturzentrum, das zwei Dutzend gemeinnützige Organisationen, Theater, Museen, eine Radiostation, eine Bücherei und vieles mehr beherbergt. Jedes Jahr gibt es Hunderte von Aktivitäten, die von 1,2 Mio. Menschen besucht werden. Hier eine kleine Auswahl: Im Improvisationstheater *BATS Improv (Building B | 3. Stock | Tel. 1415 4746776 | improv.org)* entwickeln Schauspieler quasi auf Zuruf ihre urkomischen Geschichten. *SF Camerawork (Di–Do 12–16 Uhr, Fr 12–20 Uhr, Sa 10–18 Uhr | Eintritt frei | Building A | sfcamerawork.org)* gibt seit 1974 lokalen Künstlern und deren provokanten Fotos eine Bühne. Und das *Museo*

Wenn im Audium die Lichter ausgehen, beginnt die Reise in ungewohnte Klangwelten

Italo-Americano (Di–So 12–16 Uhr | Eintritt frei | Building C | museoitalo americano.org) war das erste Museum der USA, das sich der Pflege italoamerikanischer Kunst und Kultur verschrieben hat. Selbst ein neblig-kalter Tag wird im Fort Mason Center zu einem spannenden Kulturabenteuer, für das man sich im hervorragenden vegetarischen Restaurant *Greens* (s. S. 77, *Building A*) bei Top-Aussicht stärken kann. *2 Marina Blvd. | fortma son.org | Muni 30 Stockton |* *g1*

20 PALACE OF FINE ARTS

Der schicke Säulentempel ist alles, was von der *Panama Pacific Exposition* zur Feier des vollendeten Panamakanals im Jahr 1915 übrig geblieben ist. Die komplett erneuerte Rotunde und der angrenzende Park samt See sind häufig Hintergrund für Hochzeiten und Filmdrehs. Im angrenzenden *Palace of Fine Arts Theatre* halten Musiker, Kabarettisten und Autoren Hof. *3601 Lyon Street | Muni 30 Stockton |* *J2–3*

HAFEN/ NORTH BEACH/ CHINATOWN

Tourismus nonstop? I wo! In den abwechslungsreichen Vierteln im Nordosten, dem historischen Kern der Stadt, gibt es viele Schätze zu entdecken. Und obwohl Einheimi-

sche fast immer einen Bogen um den Pier 39 machen, lohnt ein Besuch des Hafens – allein der Ausblicke wegen.

★ *Fisherman's Wharf* ist mehr als nur eine Sammlung von T-Shirt-Läden und Restaurants: Heute liegen am *Hyde Street Pier* Museumsschiffe, während östlich der Touristenattraktion *Pier 39* die Kreuzfahrtdampfer anlegen. Und noch immer stechen von der Nordseite der Jefferson Street Fischer in See, um mit vollen Netzen zurückzukehren.

Nach jahrzehntelanger Versandung liegt *North Beach* nicht mehr direkt am Wasser: Heute bestimmen statt italienischer Seeleute italienische Cafés und Restaurants sowie coole Bars das Straßenbild. Die benachbarte *Chinatown* ist noch immer eins der größten chinesischen Ballungszentren an der Pazifikküste, doch auf dem *Russian Hill* wohnt kaum noch ein Russe – die russische Minderheit zog es schon vor langer Zeit in den Richmond District.

Der im Erdbeben von 1906 fast komplett zerstörte *Nob Hill* beherbergt heute zahlreiche edle Hotels und Apartmentgebäude. Der hier früher residierende Geldadel baute seine prachtvollen Villen im westlich gelegenen Pacific Heights neu auf. Entlang der *Polk Street* triffst du in schrägen Kneipen und Restaurants aus aller Herren Länder auf jede Menge entspannte Einheimische.

Ein Besuch von Alcatraz, dem sichersten Gefängnis der Welt, flößt noch immer Respekt ein

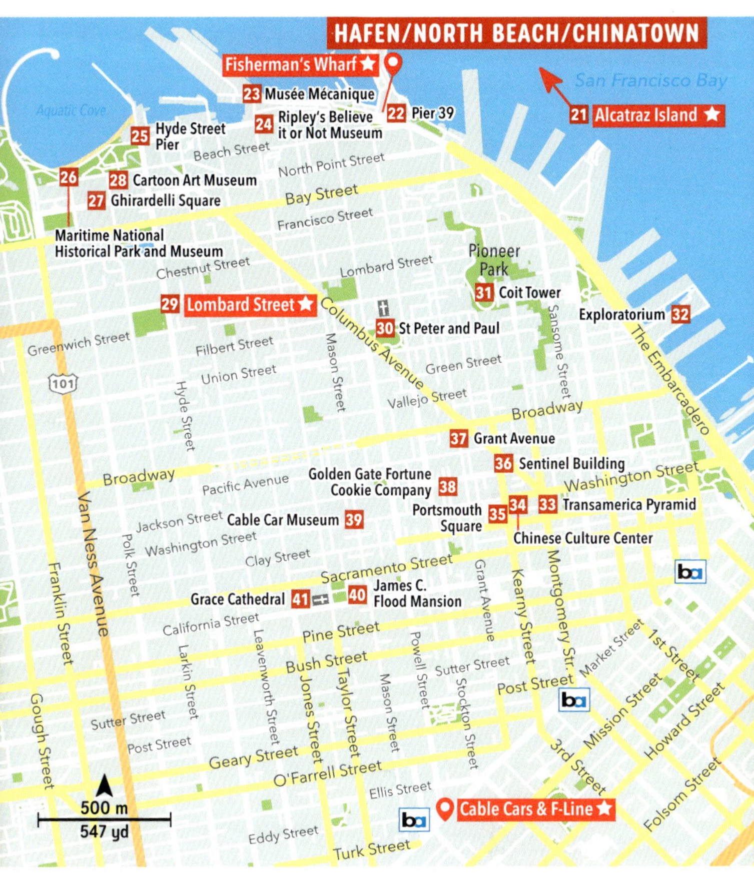

21 ALCATRAZ ISLAND ★

Ihren Namen bekam die weltbekannte Insel von den Spaniern: Die nannten den unwirtlichen Felsen *La Isla de los Alcatraces*, Insel der Pelikane – sie gleiten noch heute in Formation über die Bucht. Zum Schutz vor Angreifern bauten die Amerikaner hier eine Festung, die erst in ein Militär- und 1934 in ein Bundesgefängnis für wirklich schwere Jungs umgebaut wurde, darunter Al Capone, George „Machine Gun" Kelly, Alvin „Creepy" Carpis und Robert Stroud, den „Birdman of Alcatraz".

In 29 Jahren Gefängnisbetrieb hielten Wachposten, Maschinengewehrtürme und kaltes Wasser mit starken Strömungen 36 Insassen nicht davon ab, die Flucht zu wagen – bis auf fünf als ertrunken verzeichnete Gauner schaffte es keiner.

1963 verordnete Bundesanwalt Robert F. Kennedy die Schließung des

Gefängnisses. Vor allem hohe Kosten, aber auch marode Gebäude und Unruhen in der Bevölkerung markierten das Aus für *The Rock*. Etwas später besetzten Mitglieder hiesiger Indianerstämme die Insel für fast zwei Jahre, um auf ihre desolate Situation aufmerksam zu machen.

Seit 1973 ist Alcatraz ganz legal für Nichtkriminelle zugänglich und steht heute als Teil der *Golden Gate National Recreation Area* unter Verwaltung des *National Park Service*. Rechne etwa drei bis vier Stunden für den Besuch. Die Überfahrt zur Insel startet am Pier 33, buch aber wegen des Ansturms die Tour unbedingt im Voraus! Die *Night Tour* bietet besonders spektakuläre An- und Aussichten auf die Bucht und das Gefängnis, findet aber weniger häufig statt. Das heißt einmal mehr: online reservieren! Außerdem lockt eine rund 100 Dollar teure, intime *„Behind the scenes"-Tour* mit Einblicken in Bereiche, die normalen Besuchern verschlossen bleiben. *Tgl. ab 9 Uhr, letzte Fahrt saisonal unterschiedlich | Fahrpreis inkl. Audiotour ab $ 45,25 | alcatrazcruises.com | 4 Std. | b2*

INSIDER-TIPP
Im Knast bei Nacht

22 PIER 39

Einmal musst du ihn gesehen haben: den Pier 39, der mit Attraktionen wie einem Aquarium, mit Restaurants, Geschäften und Livemusik auf die Kreditkarte der Besucher schielt. Seit 1989 übernehmen vorwitzige Seelöwen die Bootsstege des K-Docks im Westen des Piers. Im Winter wächst ihre Zahl von 300 auf bis zu 1700 an – dann wird es eng auf den Holzplattformen, um die Tag und Nacht lautstark gerangelt wird. Im *Sea Lion Center (tgl. 10–17 Uhr | Eintritt frei)* direkt neben dem Pier lernst du mehr über die tierischen Haus-, pardon, Stegbesetzer. *pier39.com | Muni F Market & Wharves | j1*

23 MUSÉE MÉCANIQUE

Was unternahmen unsere Urgroßeltern um 1900 in der Freizeit? TV und Einkaufszentren gab es nicht, doch ein beliebter Zeitvertreib waren damals mechanische Spielautomaten und Musikinstrumente. Dan Zelinsky stellt die riesige Sammlung nostalgischer Geräte seiner Familie öffentlich aus – kostenlos! Dazu gibt es Flipper, Videospielautomaten und vieles mehr. *Tgl. 10–20 Uhr | Pier 45, Ende der Taylor Street | museemecanique.org | Muni F Market & Wharves | 1–2 Std. | h1*

24 RIPLEY'S BELIEVE IT OR NOT MUSEUM

Die kleinste Geige der Welt, originelle Grabsteininschriften, angekettete Fakire und noch ungefähr 2000 andere von Robert LeRoy Ripley gesammelte Kuriosa sind hier zu bestaunen. *So–Do 11–18, Fr/Sa 10–22 Uhr | Eintritt $ 29,99 | 175 Jefferson Street | Muni F Market & Wharves | h1*

25 HYDE STREET PIER

Ein romantisch-raues Bild längst vergangener Zeiten malen die sechs Schiffe, die am Hyde Street Pier vor Anker liegen – vom Kap-Hoorn-Umsegler *Balclutha* bis zur Fähre *Eureka*. In einer

Werkstatt bauen Nationalparkangestellte und freiwillige Helfer vom Zahn der Zeit angenagte Bootsteile und sogar ganze Schiffe von Hand nach. Das kultige Shanty-Singen an Bord der Schiffe gibt es seit über 30 Jahren, derzeit jedoch nur virtuell: an jedem dritten Samstag im Monat von 11 bis 13 Uhr *(maritime.org/chantey-sing). Tgl. 10–16 Uhr | Eintritt frei, Schiffe $ 15, Karte gilt 7 Tage | nps.gov/safr | Cable Car Powell/Hyde |* *h1*

26 MARITIME NATIONAL HISTORICAL PARK AND MUSEUM

Das Art-déco-Gebäude des *Bathhouse Building (Mi–So 10–16 Uhr | Eintritt frei | 1 Std.)* aus den 1930er-Jahren ist einem Ozeandampfer nachempfunden – der *Aquatic Park* bildet das Deck, komplett mit Bug und Heck. Im elegant-weißen Gebäude erstrahlen restaurierte Unterwasserwandmalereien. Das „richtige" Besucherzentrum samt der originalen Überreste steht an der Ecke Jefferson und Hyde Street. *Fr–So 10–17 Uhr | Muni 30 Stockton*

Spannend und in Laufweite gelegen: die *USS Pampanito (tgl. 10–18 Uhr | Eintritt $ 25 | Pier 45)*, auf der kleine und große U-Boot-Fans sogar übernachten können. Direkt daneben: die *SS Jeremiah O'Brien (tgl. 10–16 Uhr | Eintritt $ 25 | Pier 45)*, eines der über 2700 Liberty-Schiffe, die im Zweiten Weltkrieg für die Handels- und Kriegsmarine fuhren, und das zu besonderen Anlässen noch heute über die Bucht kreuzt. *g1*

Auf den Holzanlegern beim Pier 39 tummeln sich dicht an dicht die Seelöwen

27 GHIRARDELLI SQUARE

Der Platz liegt am Westrand des Fisherman's Wharf, benannt nach der Schokoladenfabrik des gewieften italienischen Kaufmanns Domenico Ghirardelli, der Mitte der 1800er-Jahre verausgabte Goldgräber als Kundschaft für süße Sachen erkannte. Inzwischen gehört die Firma zu Lindt & Sprüngli aus der Schweiz und produziert die Schokoladenspezialitäten u. a. auf der anderen Seite der Bucht. Immerhin werden vor Ort noch diverse Leckereien (Milchshakes!) verkauft. Außerdem locken Livemusik, Restaurants und Shops. *Tgl. 11–21 Uhr | 900 N Point Street | Muni 30 Stockton |* *h1*

28 CARTOON ART MUSEUM

Die Gegend um San Francisco war schon immer ein Magnet für Cartoontalente. Im einzigen Cartoonmuseum der USA sind aber nicht nur Karikaturen zu sehen. Geschichtliche und soziale Veränderungen und ihre Hintergründe werden anhand von Cartoons ebenfalls erklärt. *Do–Di 11–17 Uhr | Eintritt $ 10 | 781 Beach Street | cartoonart.org | Cable Car Powell/Hyde | 1–2 Std. |* *h1*

29 LOMBARD STREET ★

„The crookedest street in the world" – die krummste Straße der Welt – darf nur abwärts befahren werden. Die steilste Straße der Stadt ist sie dabei nicht: Auf der Filbert Street zwei Blöcke südlich gelingen dir wirklich spektakuläre Fotos mit schiefen Häusern und scheinbar gerade geparkten Autos.

Apropos: Willst du selbst die Lombard Street hinabkurven, mach das unbedingt erst in den Abendstunden, um nicht ewig im Stau zu stehen. Die Anwohner beschweren sich indes so oft über die in immer größeren Massen einfallenden Touristen, dass die notorisch klamme Stadtverwaltung immer mal wieder über eine Straßennutzungsgebühr nachdenkt. *Cable Car Powell/Hyde |* *h2*

30 ST PETER AND PAUL

Hier heiratete Baseballstar Joe DiMaggio seine erste Frau Dorothy Arnold, und hier posierte er nach der Hochzeit mit seiner zweiten Frau Marilyn Monroe für Fotos auf den Stufen der Eingangstreppe. Gelato oder Espresso genießt du perfekt im angrenzenden Park, dem Washington Square, wo weißhaarige italienische Originale dem Treiben zusehen und auf ein „Arrivederci!" mit einem „Ciao!" antworten. *666 Filbert Street | Muni 8 Bayshore |* *j2*

31 COIT TOWER

Lillie Coit war eine gut betuchte Exzentrikerin, die gern Zigarren rauchte und sich als Mann verkleidete, um ihrer Spielsucht zu frönen. 1858 half sie mit gerade mal 15 Jahren einem Löschzug im Einsatz, den steilen *Telegraph Hill* zu erklimmen, und wurde 1863 Ehrenmitglied der Feuerwache. Sie hinterließ nach ihrem Tod ein Drittel ihres Vermögens der Stadt. Die errichtete eine Statue mit Feuerwehrmännern und den Coit Tower, der nur zufällig an ein Löschrohr erinnert. Bei klarem Wetter bietet dieser einen

Die „Ohren" der Transamerica Pyramid? Ein Aufzug und ein Treppenhaus

prächtigen, jedoch kostenpflichtigen Blick auf die Skyline der Stadt. Auch bei Nebel lohnt ein Besuch, denn an den frei zugänglichen Innenwänden des Turms tobten sich 1933 Lehrer und Studenten der California School of Fine Arts aus: Sie schufen Wandmalereien, die den wenig malerischen Alltag von Arbeitern und Minderheiten darstellen – was reiche Konservative natürlich auf die Palme brachte. *Tgl. 10–17 Uhr | Eintritt $ 10 | 1 Telegraph Hill Blvd. | Muni 39 Coit | j2*

32 EXPLORATORIUM

Das interaktive Wissenschaftsmuseum für kleine und große Kinder ab sechs Jahren. Hunderte Exponate zu Themen wie Astronomie, Geologie und menschliche Sinne. Am ersten Donnerstag des Monats: *After Dark ($ 19,95, ab 18 Jahren)*, ein Mix aus Kabarett, Theater und Galerie für Erwachsene. *Di–So 10–17 Uhr | Eintritt $ 29,95–39,95 | Pier 15 | exploratorium.edu | Muni F Market & Wharves | 2–3 Std. | k2*

33 TRANSAMERICA PYRAMID

Der 260 m hohe, anfangs nicht unumstrittene Büroturm war 1972 das höchste Gebäude der Stadt. Auch wenn es seit 2017 vom 326 m hohen Salesforce Tower in SoMa überflügelt wird: Ein Wahrzeichen ist die Pyramide mit einem kleinen Park an ihrem Fuß noch immer. Ganz oben strahlt eine 6000 Watt starke Lampe über die ganze Bucht. Schade: Das Aussichtsdeck ist seit Ende der 1990er geschlossen. *600 Montgomery Street | Muni 8 Bayshore | j3*

34 CHINESE CULTURE CENTER

In Chinatown gibt's mehr als nur billigen Schnickschnack und Menschenmengen. Wie wäre es mit einer Erkundungstour durch die Gassen und Nebenstraßen, bei der du Kräuterläden, Tempel und mächtige Familienverbände besuchst? Ebenfalls im Angebot des Chinese Culture Center im Hilton-Hotel: stets wechselnde Ausstellungen lokaler Künstler. *Do–Sa 10–16 Uhr | 750 Kearny Street | 3. Stock des Hilton Hotels | cccsf.us | Muni 30 Stockton |* *j3*

35 PORTSMOUTH SQUARE

Wo heute chinesische Senioren vor höchst interessiertem Publikum Karten spielen, schlug Mitte des 19. Jhs. das Herz von San Francisco. Hier öffnete 1847 die erste städtische Schule Kaliforniens, hier zeigten die Schürfer ihre Goldfunde und hier jagte Dirty Harry den Gauner Scorpio – jedenfalls im Kino. Setz dich mit Gebäck aus einer chinesischen Bäckerei auf eine Bank und genieß das Spektakel. Oder versuch, alle fünf Denkmäler rund um den Square zu entdecken. *Muni 8 Bayshore |* *j3*

36 SENTINEL BUILDING

Francis Ford Coppola („Der Pate") kaufte dieses famose Gebäude Anfang der 1970er-Jahre für sein eigenes Studio American Zoetrope sowie für freischaffende Klangkünstler und Medienmacher, die hier zur Untermiete wohnen. Im *Café Zoetrope* darfst du Wein aus dem Napa-Valley-Gut des italoamerikanischen Regisseurs probieren – und hoffen, eine

hier ebenfalls vorbeischauende Hollywoodgröße zu erspähen. Allerdings wagten sich wegen hoher Drehkosten zuletzt nur Produktionen wie „Ant-Man" oder „Bumblebee" in die Stadt ... *Columbus Av./Ecke Kearny Street | Muni 8 Bayshore |* *j2*

37 GRANT AVENUE

Amerika, China, Italien – die Grant Avenue hat viele Gesichter. Die südlichsten vier Straßenblöcke säumen schicke Hotels und Klamottenläden, dann kreuzt die Bush Street, deren Autofahrer sich täglich über die Touristen ärgern, die noch bei Rot ein Bild vom *Dragon's Gate* machen wollen: Hier beginnt Chinatown, die älteste der USA und nach der in New York die größte chinesische Enklave außerhalb Chinas. Das Erdbeben von 1906 radierte das Viertel komplett aus, und die Stadtverwaltung hätte die Chinesen am liebsten in den Sü-

Unzählig sind die kleinen Läden in Chinatown, das 30 Häuserblocks umfasst

den der Stadt verfrachtet, des guten Baulands wegen. Doch aus Sorge um den wegbrechenden Handel mit dem Orient entwarfen vorwiegend weiße Architekten die noch heute sichtbaren Gebäude mit asiatischem Flair, die neben dem Handel auch jedes Jahr Millionen von Touristen anlocken.
Nach neun Straßenzügen geht's dann nach Europa: Ab dem Broadway zieht sich die Grant Avenue durch North Beach, das Zentrum der italienischen Gemeinde, um kurz hinter dem Telegraph Hill mit bester Aussicht, aber unbezahlbaren Wohnungen zu enden. *j2*

38 GOLDEN GATE FORTUNE COOKIE COMPANY

In dieser Fabrik, die nur einen Raum füllt, wirst du in ein besonderes Geheimnis von Chinatown eingeweiht: in die Herstellung von Glückskeksen, die hier seit 1962 wie am Schnürchen läuft, kostenloses Naschen inklusive. Auf Wunsch backen die Damen auch deine eigenen Sprüche in die Kekse. *Mo–Fr 9–18.30, Sa/So 9–19 Uhr | Eintritt frei, $ 0,50 pro Foto | 56 Ross Alley | Muni 30 Stockton | j2*

39 CABLE CAR MUSEUM

Zwischen 24 und 1 Uhr kehren alle Cable Cars jede Nacht hierher zurück: zum letzten von ehemals acht Stützpunkten für die kabelgezogenen, 7 t schweren Vehikel. 150 Jahre werden sie alt, und mit knapp 15 km pro Stunde ziehen sie unermüdlich die steilen Straßen auf und ab. Den Antrieb übernehmen die Maschinen im Cable Car Museum: Einst dampf-, heute elektrisch angetriebene Motoren drehen riesige Räder, von denen aus die Kabel unter der Erde verschwinden – ein beeindruckender

INSIDER-TIPP
Kabel als Souvenir für daheim

Anblick. Wie wäre es mit einem besonderen Andenken? Einen metallenen Briefbeschwerer aus in Rente gegangenem Kabel gibt's im angeschlossenen Souvenirshop. *Di–Do 10–16, Fr–So 10–17 Uhr | Eintritt frei | 1201 Mason Street | Cable Car Powell/Hyde, Powell/Mason | 1 Std. | j3*

40 JAMES C. FLOOD MANSION

Das bescheidene Anwesen des Silberbarons James C. Flood sieht nicht nur so aus wie die *Brownstone*-Wohnhäuser in New York City: Die Steine kommen auch aus dem gleichen Steinbruch. Baumeister Augustus Laver schiffte sie 1886 um Kap Hoorn, denn Geld spielte für Flood keine Rolle. Doch vor der Natur sind alle gleich: Das Haus überstand zwar das Erdbeben von 1906, brannte jedoch komplett aus. Heute residiert dort der *Pacific Union Club,* ein exklusiver Verein wohlhabender Geschäftsleute. Der benachbarte *Huntington Park* lädt zum entspannten Verschnaufen ein. *1000 California Street | Cable Car Powell/Hyde | j3*

41 GRACE CATHEDRAL

Notre-Dame? Nein, Grace Cathedral, eine neugotische Betonnachahmung mit einem wunderschönen, nachts von innen angestrahlten Rosettenfenster, das 1970 im französischen Chartres angefertigt wurde. Die Grace Cathedral ist Bischofssitz der *Episcopal Church,* einer der wichtigsten protestantischen Gemeinden in den Vereinigten Staaten. Setz dich in eine Kirchenbank, hör dem Organisten beim Üben zu oder mach beim Yoga mit. Keith Haring gestaltete den Altar der angeschlossenen *AIDS Interfaith Memorial Chapel.*

Gut kopiert: Selbst das Bodenlabyrinth der Grace Cathedral gleicht dem Original in Chartres

INSIDER-TIPP **Kirchen-Schatzsuche für Kids** Neben Führungen zu Highlights und Architektur (online reservieren!) gibt's am Empfangstisch eine Karte für Kinder, die sie auf eine Entdecker-Schatzsuche führt. *Tgl. | Eintritt $ 12 | 1100 California Street | gracecathedral.org | Cable Car Powell/Hyde, Powell/Mason | h3*

CABLE CARS & F-LINE ★

Sie sind Wahrzeichen und rollende Museen zugleich. Mehrmals schon sollten die Cable Cars eingemottet werden. Jedes Mal gab es jedoch großen Protest. Seit 1955 ist es Gesetz: Der Betrieb der drei Linien kann nur mit Zustimmung der Wählermehrheit eingestellt werden – ein wirklich unwahrscheinlicher Fall. INSIDER-TIPP **Fahren statt warten** Vermeide ewiges Warten an den Startstationen, indem du ein paar Stationen weiterläufst, um dann in die nächste Bahn einzusteigen – oder dich einfach aufs Trittbrett zu schwingen.

Auch auf der Strecke der F-Line setzen die Muni-Verkehrsbetriebe historische Fahrzeuge ein – manche noch aus den 1920er-Jahren. Du kannst deinen Augen trauen: Die Straßenbahnen, die von Fisherman's Wharf über Embarcadero und Market Street bis zum Castro-Viertel fahren, kommen ursprünglich aus Hamburg. Und aus Osaka, Melbourne, Moskau und Mailand, aber auch aus Newark, Philadelphia und natürlich San Francisco. Vom Fisherman's Wharf über Embarcadero und Market Street bis zum Castro-Viertel sind sie täglich bis zu 20 Stunden im Einsatz – Respekt!

DOWNTOWN/ SOUTH OF MARKET

Civic Center, Financial District und South of Market – so kennen wir amerikanische Großstädte aus Film und Fernsehen: Hochhausschluchten, geschäftige Menschen, Autohupen und Polizeisirenen.

Das findet man zwar auch in der Innenstadt, der *Downtown* von San Francisco, doch irgendwie entspannter und nicht ganz so verbissen wie etwa in New York. Selbst im Finanzzentrum der Stadt laden immer wieder Bänke und die Sockel der Denkmäler zum Verweilen und dem Erkunden der alten und neuen Wolkenkratzer ein. Als Spätfolge der Pandemie stehen auch 2023 noch viele Büros leer, was Restaurants und Coffeeshops zu spüren bekommen.

Südlich der Market Street locken das *Westfield Shopping Centre*, das Messezentrum *Moscone Center*, das Einkaufs- und Kinozentrum *Metreon*, das *Yerba Buena Center for the Arts* und das *Museum of Modern Art* – da kommt keine Langeweile auf.

42 UNION SQUARE

Sanddüne, Obdachlosencamp und Schauplatz wilder Neujahrspartys: Wer heute den großflächig zubetonierten Union Square betritt, ahnt nichts von dessen wilder Vergangenheit. Auch wenn hier Konzerte, Ausstellungen und zu Weihnachten eine

Eisbahn locken, noch verlockender sind die Edelgeschäfte, Hotels und Theater, die den Platz umringen. Dafür sollte dein Kreditkartenlimit etwas höher angesetzt sein: Tiffany's, Louis Vuitton, Gucci & Co. schicken dich sonst mit leeren Händen weg. *Muni 45 Union-Stockton | Cable Car Powell/Hyde, Powell/Mason*

Krieg führten die USA übrigens schon im vorletzten Jahrhundert. 1898 kämpften Soldaten der ehemaligen spanischen Kolonie San Francisco gegen Soldaten einer aktiven spanischen Kolonie: die Philippinen. Die Siegesgöttin auf der Spitze des Monuments preist Admiral George Dewey, der die Bucht von Manila in einer Nacht-und-Nebel-Aktion eroberte und bis zum Eintreffen von Verstärkung hielt. *j3*

43 THE BOOK CLUB OF CALIFORNIA

Auch im Kindle-Zeitalter weigert sich das gedruckte Buch trotzig, in der Versenkung zu verschwinden. Der 1912 gegründete Club feiert Bücher, deren Autoren, Drucker und Binder mit wechselnden Ausstellungen und Vorträgen. Der Book Club of California ist auch für Nichtmitglieder geöffnet, die der digitalen Welt für eine Weile entkommen möchten. Abends präsentiert der Club oft Autoren und ihre Werke – kostenlos! *Di–Fr 11–15 Uhr, online reservieren | Eintritt frei | 312 Sutter Street | bccbooks.org | Muni 2 Clement | j3*

INSIDER-TIPP
Flucht vor Facebook & Co.

Am Union Square lohnt es sich, für einen Stopp aus dem Cable Car zu hüpfen

44 MARKET STREET

Undank ist der Welten Lohn: Der 26-jährige Jasper O'Farrell entkam 1837 nach der Präsentation seines Entwurfs für eine 37 m breite, diagonal zu allen anderen Straßen verlaufende Market Street nur knapp einem Lynchmob. Heute sind die San Franciscans froh, die wohl einzige Prachtstraße der Westküste ihr Eigen zu nennen, die häufig für Paraden und Demonstrationen genutzt wird. Auf der Straße fahren Busse und Straßenbahnen, unter ihr U-Bahn- und die BART-Schnellzüge. Nach den blitzblanken Büro-, Shopping- und Hotelpalästen der Lower Market Street erlebte der verlotterte Mittelteil der Straße eine kurzlebige Renaissance – dem steuerlich vergünstigten Zuzug vieler Tech-Firmen sei's gedankt. Die Kreuzung von Market Street und Church Street markiert den *Upper Market* genannten Straßenzug, der sich schmaler und kurviger zu den Twin Peaks hinaufwindet. Auf dem Weg wirst du bei schönem Wetter mit prächtigen Aussichten belohnt, denn hier gibt es aufgrund der steilen Umgebung die geringste Bebauungsdichte. *Muni F Market & Wharves |* *j4*

45 CONTEMPORARY JEWISH MUSEUM

Das erst 1984 gegründete Museum hat sich zum Ziel gesetzt, mit ständig wechselnden Ausstellungen und besonderen Veranstaltungen jüdische Kultur, Geschichte, Kunst und Gedankengut zu beleuchten. Die Exponate, Diskussionsrunden und Vorträge erwiesen sich als so populär, dass ein 7000 m² großer Neubau notwendig wurde, der 2008 seine Türen öffnete. Das Gebäude erinnert nicht von ungefähr an das Jüdische Museum in Berlin oder das Felix-Nussbaum-Haus in Osnabrück: Der verantwortliche Planer hießt in allen drei Fällen Daniel Libeskind. In San Francisco flanschte der US-amerikanische Stararchitekt einen Neubau mit den für ihn typischen dramatischen Linien an ein Umspannwerk von Pacific Gas & Electric an, das Willis Polk ein Jahr nach dem großen Erdbeben von 1906 entworfen hatte. Die Veranstaltungen des Contemporary Jewish Museum richten sich an alle Altersklassen: Familien basteln Puppen mit Mitgliedern des israelischen Nationaltheaters, Teenager erkunden die Architektur des Museums, während deren Eltern die laufende Ausstellung besuchen. *Do–So 11–17 Uhr | Eintritt $ 16 | 736 Mission Street | thecjm.org | Muni 8 Bayshore | 2 Std. | j4*

46 YERBA BUENA GARDENS/ YERBA BUENA CENTER FOR THE ARTS

Yerba Buena oder „gutes Kraut" – den Namen gaben die Spanier San Francisco. Kraut wird in diesem und anderen Stadtparks allerdings eher ganz legal geraucht als angebaut. Angelegt wurde dieser Park, nachdem etliche ärmere oder ältere Stadtbewohner aus ihren anschließend abgerissenen Häusern vertrieben wurden.

Heute lockt das schmucke Areal mit Cafés, Wasserfall, Liegewiese und Konzertbühne, umrandet von Shopping- und Kulturtempeln, so auch dem *Yerba Buena Center for the Arts (Do–So 12–18 Uhr | Eintritt Ausstellung frei, Events extra | 701 Mission Street | ybca.org)*. In den östlich vom Park gelegenen Ausstellungsräumen geben sich die angesagtesten Künstler der Stadt die Klinke in die Hand. Die zumeist experimentellen Kunstwerke wollen nicht nur die Augen, sondern auch alle anderen Sinne betören und gleichzeitig provozieren. *Muni 30 Stockton* | *j-k4*

47 SAN FRANCISCO MUSEUM OF MODERN ART (SFMOMA)

Die Stärken des Museums für moderne Kunst liegen besonders beim abstrakten Expressionismus und bei der Fotografie. Es hatte aber immer wieder mit dem Problem zu kämpfen, dass die Räume zu klein waren und aus den Beständen Teile für rotierende Ausstellungen ausgewählt werden mussten.

1995 verbesserte sich die räumliche Situation entscheidend. Das Museum konnte in einen von dem Schweizer Architekten Mario Botta entworfenen, $ 60 Mio. teuren Neubau umziehen, der durch seine raffinierte Formgebung und Lichtführung zu einer echten Kathedrale der modernen Kunst wurde. 15 Jahre später war das Museum wieder zu klein: Die Zahl der Kunstwerke hatte sich seit 1995 auf 27 000 verdoppelt.

Bis Anfang 2016 blieb das Stammhaus an der 3rd Street darum wegen Erweiterungsarbeiten geschlossen,

Ein großes Haus komplett mit Kunst angefüllt: das SF Museum of Modern Art

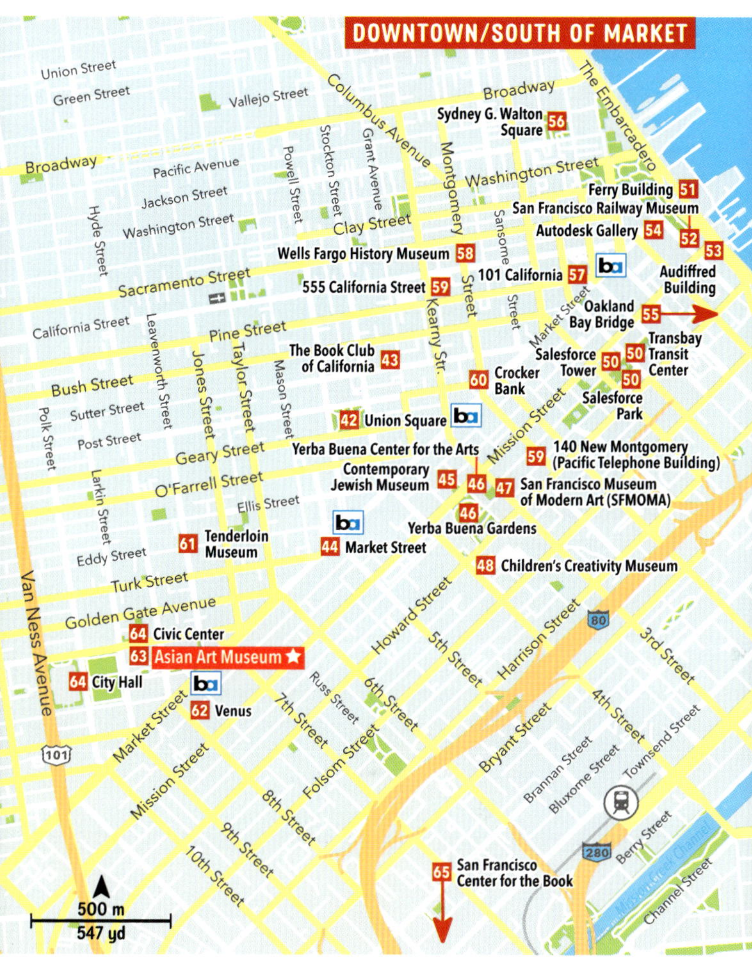

die ihm zu rund sechsmal mehr Ausstellungsfläche verhalfen. So entstand beispielsweise Platz für die über 1100 Exponate große Sammlung moderner Kunstwerke der Gap-Gründer Doris und Donald Fisher. Für eine Nachhaltigkeitszertifizierung reduzierte das Architekturbüro Snøhetta den Verbrauch von Energie, Wasser und Abwasser dramatisch. Bei den Fassaden kamen etwa die größten Faserverbundkunststoffplatten der USA zum Einsatz. 7,6 m hohe Glaswände bieten von der Howard Street einen kostenlosen Blick auf einige Exponate. *Do 13–20, Fr–Di 10–17 Uhr | Eintritt $ 25 | 151 3rd Street | sfmoma.org | Muni 30 Stockton | ⏲ 2–3 Std. |* *🕮 k4*

48 CHILDREN'S CREATIVITY MUSEUM

Im interaktiven Multimedia- und Technikzentrum werden Kreativität, Kooperations- und Kommunikationsfähigkeit aller Besucher ab drei Jahren angestachelt: Mit selbst gemachten Musikvideos, Animationsfilmen und Collagen ziehen die Macher des Museums alle Register. *Museum: Do–Fr 10–13 ($ 15), Sa/So 10–16 Uhr ($ 20); Karussell: Sa/So 11.30–16.30 Uhr ($ 5) | 221 Fourth Street | creativity.org | Muni 30 Stockton | 2 Std. | k4*

49 140 NEW MONTGOMERY (PACIFIC TELEPHONE BUILDING)

Echte Hipster zog es schon 1925 nach SoMa – da war der Bau eines Hochhauses noch eine mutige Angelegenheit. Das einstige Pacific Telephone Building ist ein wunderschöner Art-déco-Bau, an dessen Spitze selbst Batman seine helle Freude hätte. Statt der Telefongesellschaft mieten heute Internetfirmen ihre Büros im nachhaltig runderneuertem Gebäude, das etwa auf über 1300 weit zu öffnende Fenster statt Klimaanlagen-Overkill setzt. *140 New Montgomery Street | nahe Market Street | Muni F Market & Wharves | k4*

50 SALESFORCE TOWER/TRANSBAY TRANSIT CENTER & PARK

Das zweithöchste Gebäude westlich des Mississippi hat dem Transamerica Building eiskalt die Schau gestohlen: Mit 326 m überragt der *Salesforce Tower* den ehemaligen Hochhaussuperstar um 66 m. Nur das Wilshire

Lichtkunst hoch oben über der Stadt – erdacht von Jim Campbell für den Salesforce Tower

Grand Center in Los Angeles ist noch 9 m höher. Der von Stararchitekt César Pelli – der Kopf hinter den Petronas Towers in Kuala Lumpur – entworfene und 2018 fertiggestellte Salesforce Tower ist das Hauptquartier der gleichnamigen Softwarefirma und anderer Mieter, die sich die ersten 60 Etagen teilen. Das 61. Stockwerk gehört dem *Ohana Deck* mit seinen tollen Aussichten. Sporadisch sind diese auch Normalsterblichen zugänglich, die sich über die Website *salesforcetower tours.com* dafür bewerben können.

Die Spitze des Salesforce Tower bildet *Day for Night*: Jim Campbells neun Stockwerke hohe elektronische Skulptur, auf der Filme aus San Francisco gezeigt werden, allerdings in eher niedriger Auflösung. Unmittelbar südöstlich an den Salesforce Tower schließt sich das brandneue *Transbay Transit Center* an – der mit Baukosten von 2 Mia. US-Dollar vielleicht teuerste Busbahnhof der Welt. Die Eröffnung fiel allerdings wegen Konstruktionsmängeln monatelang ins Wasser, seit August 2019 machen im Transit Center immerhin viele städtische und regionale Buslinien halt. Die Bahnsteige im Untergeschoss bleiben jedoch menschenleer, denn die dieselgetriebenen Regionalzüge halten nach wie vor etliche Straßen weiter südlich.

Und noch immer ist San Francisco nicht an den überregionalen Bahnverkehr angeschlossen: Ein unserem ICE vergleichbarer Hochgeschwindigkeitszug hat selbst in Kalifornien nur wenig politischen Rückhalt. Er wird von um ihr Land bangenden Farmern und der Flugindustrie nach Kräften gebremst. Selbst ein simpler Fußgängertunnel zur wenige hundert Meter entfernten Metro- und BART-Station Embarcadero liegt derzeit noch in weiter Ferne.

Wer sich mit diesen Querelen nicht belasten will, begibt sich mit dem Aufzug auf das Dach des Transit Center – besonders malerisch geht das mit einer kostenlosen Gondelfahrt direkt von der Straße. Dort oben befindet sich der vier Straßenzüge umfassende *Salesforce Park*. Neben Grünflächen mit 600 Bäumen und 16 000 Pflanzen laden Springbrunnen, ein Spielplatz, ein Miniamphitheater und ein Restaurant zum Verweilen ein. *415-425 Mission Street | salesforcetower.com, salesforcetransitcenter.com | Muni 5, 7, 25, 38 |* *k3*

51 FERRY BUILDING

Das 1898 eröffnete Ferry Building kann so schnell nichts erschüttern. Zwei Erdbeben? Der Wechsel von Schiffen zu Autos als dem wichtigsten Verkehrsmittel der Bay? Ein Freeway, der es komplett vom Rest der Stadt abkapselt? Alles halb so wild: Der mit bis zu 50 000 Passagieren pro Tag einst zweitgrößte Transitknotenpunkt der Welt erstrahlt nach dem Abriss des Embarcadero Freeway in neuem Glanz. Die ehemaligen Gepäckschalter beherbergen Cafés, Restaurants, einen Buchladen und Nahrungsmittel lokaler Erzeuger. Der *Ferry Plaza Farmer's Market* (s. S. 88) lockt Topköche und Privatleute. Und – man glaubt es kaum – die namensgebenden Fähren gibt es immer noch. *1 The Embarcadero | Muni F Market & Wharves | k2*

52 SAN FRANCISCO RAILWAY MUSEUM

Wolltest du schon immer im Führerhaus einer Straßenbahn von 1911 stehen? Dann bist du hier genau richtig. Interaktive Exponate erzählen die bewegte Geschichte dieser Vehikel, die noch heute im Dienst sind. *Di–Sa 10–17 Uhr | Eintritt frei | 77 Steuart Street | streetcar.org | Muni F Market & Wharves | 1 Std. | k3*

53 AUDIFFRED BUILDING

In San Francisco weiß man sich zu helfen: Das Audiffred Building überlebte das Erdbeben von 1906 unbeschadet, weil der Barkeeper der darin beheimateten Kneipe den Feuerwehrleuten literweise Whiskey und Wein für dessen Rettung versprach. Nach Beatniks und Seemännern residiert hier heute das fesche Restaurant *Boulevard* (s. S. 76). *1–12 Mission Street | Muni F Market & Wharves | k3*

54 AUTODESK GALLERY

Eine Mischung aus schickem Designmuseum und milder Dauerwerbesendung ist die Galerie, die nach strengsten Energiesparvorschriften errichtet wurde. Sie illustriert den Weg von der Idee zum fertigen Produkt: Autos, Gitarren, eine Kathedrale und sogar die *Academy of Sciences* – bei allen kam die Design-Software von Autodesk zum Einsatz. *Mo, Mi, Fr 10–17 Uhr, Führung Mi 12.30 Uhr | Eintritt frei | 1 Market Street | Suite 200 | autodesk.com/gallery | Muni F Market & Wharves | 1–2 Std. | k3*

55 OAKLAND BAY BRIDGE

Die *San Francisco-Oakland Bay Bridge* ist die Schwester der *Golden Gate Bridge*. Für den Verkehr ist die 1933–36 errichtete Verbindung mit Oakland lebensnotwendig: Rund 80 Mio. Autos rollen Jahr für Jahr über das 13,6 km lange, für Fußgänger gesperrte Bauwerk. Weltweit bekannt wurde sie durch das Erdbeben von 1989, als 15 m der Konstruktion einbrachen und Teile der oberen Fahrbahn auf die untere stürzte. Erdbebensicher sollte daher der 6,5 Mia. (!) Dollar teure Neubau des Ostteils sein – ursprünglich hätte er „nur" 780 Mio. kosten sollen. Nach einer Bauzeit von elf Jahren rollten 2013 die ersten Autos über die neue Ein-Turm-Brücke nach Oakland. Traumhafte Ausblicke hast du

Ein *coffee* oder Eis geht immer – ins Ferry Building sind Cafés und Läden eingezogen

von der ehemaligen Militärbasis *Treasure Island. Stadteinwärts $ 7 Maut* | *l3*

56 SYDNEY G. WALTON SQUARE

Nur ein Backsteintorbogen erinnert an den Colombo Market, einen längst in den Süden ausgelagerten Großmarkt. Heute lümmeln sich die Einheimischen auf Wiesen und Bänken, machen Mittagspause oder bestaunen Kunstwerke wie George Rickeys kinetische Skulptur *Two Open Rectangles* oder François Stahlys *Fountain of Four Seasons* inmitten eines kleinen Teichs. Freunde des Smartphone-Spiels Pokémon Go haben hier alle Hände voll zu tun. *Jackson Street* | *Front Street* | *Muni F Market & Wharves, 10 Townsend* | *k2*

57 101 CALIFORNIA

Vorsicht, Einsturzgefahr! Doch der erste Blick trügt: Der von Philip Johnson entworfene Wolkenkratzer mit dem spektakulären Fundament steht seit 1982 an Ort und Stelle. Schlürf im Garten vor dem Gebäude einen Kaffee oder eine Ramen-Suppe, sieh dem Trubel um dich herum zu und plan deine nächsten Aktionen. Zur Weihnachtszeit schmücken riesige Christbaumkugeln und Tannenkränze das Anwesen.

New-York-Kenner fühlen sich nicht von ungefähr an 101 Park Avenue erinnert: Architekt Johnson hatte auch hier seine Finger im Spiel, was sich besonders am Eingang des Gebäudes bemerkbar macht. *101 California Street* | *Muni F Market & Wharves* | *k3*

58 WELLS FARGO HISTORY MUSEUM

Spannend war der Wilde Westen – eine von Schießereien und Postkutschenverfolgungen prall gefüllte Pioniergeschichte. Das zeigt ein Museum, das sich auf zwei Etagen des Hauptsitzes der 1852 gegründeten Wells Fargo Bank erstreckt, der ältesten Bank Kaliforniens und größten Transportgesellschaft des Westens: Du siehst Abzeichen und Gewehre, *gold nuggets* aus der Zeit des Goldrauschs und das Werkzeug der Schürfer sowie die große *Wells Fargo Overland Stage Coach* von 1865, eine Postkutsche, die bis zu 20 Personen befördern konnte. *Mo–Fr 10–17 Uhr | Eintritt frei | 420 Montgomery Street | Muni 8 Bayshore | 1–2 Std. | j3*

59 555 CALIFORNIA STREET

Mehr Bürofläche geht nicht: Das wuchtige Gebäude war mit 237 m von 1969 bis 1972 das höchste der US-Westküste und Drehort von Kinofilmen wie „Dirty Harry" und „Flammendes Inferno". Ob das der Grund war, warum sein Bauherr, die Bank of America, die Firmenzentrale 1998 nach North Carolina verlegte? Vor dem Gebäude findest du Masayuki Nagares pechschwarze Raumschiffskulptur „Transcendence", im Volksmund „Das Herz eines Bankiers" genannt. *555 California Street | zwischen Kearny und Montgomery Street | Muni 8 Bayshore | j3*

60 CROCKER BANK

Was schenkt man einem Sohn, der alles hat? Genau, eine Bank. Dachte sich Charles Crocker, einer der vier reichen Fadenzieher hinter der Pacific Railroad, der ersten Ost-West-Eisenbahnverbindung der USA. Er investierte daher in die Woolworth National Bank, die bald seinen Familiennamen trug. Um Geld für teuren Erdbebenschutz zu sparen, rissen die Bankiers 1983 die obersten zehn Stockwerke des Gebäudes ersatzlos ab. Auf dem Dach des heute zur Wells-Fargo-Gruppe gehörenden Hauses findest du daher einen Garten, in dem es sich prächtig ausruhen lässt. *1 Montgomery Street | Muni F Market & Wharves | j-k3*

61 TENDERLOIN MUSEUM

Das Tenderloin-Stadtviertel blickt auf eine lebhafte Geschichte zurück. Ende des 19. Jhs. wohnte hier, wer etwas auf sich hielt – schließlich gab es in der Nachbarschaft zahlreiche Theater und Restaurants. In den frühen 1900er-Jahren wandelte sich das Bild: Jetzt boomten *speakeasys* und Nachtclubs, in denen Jazzgrößen wie Miles Davis und Thelonious Monk aufspielten. Heute ist das Viertel deutlich heruntergekommen: Zelte, Müllberge, Drogenhändler und Obdachlose bestimmen an vielen Straßenecken das Bild. Doch aufgrund seiner Nähe zu Tech-Firmen auf der Market Street investieren mutige Restaurant- und Hausbesitzer in eine, so hoffen sie, bessere und ertragreichere Zukunft.

Das 2015 eröffnete Tenderloin Museum hat es sich zum Ziel gesetzt, die abwechslungsreiche Geschichte des Viertels zu erzählen: mit Ausstellungen, Poetry-Slams, Diskussionsrunden und Führungen durch die Nach-

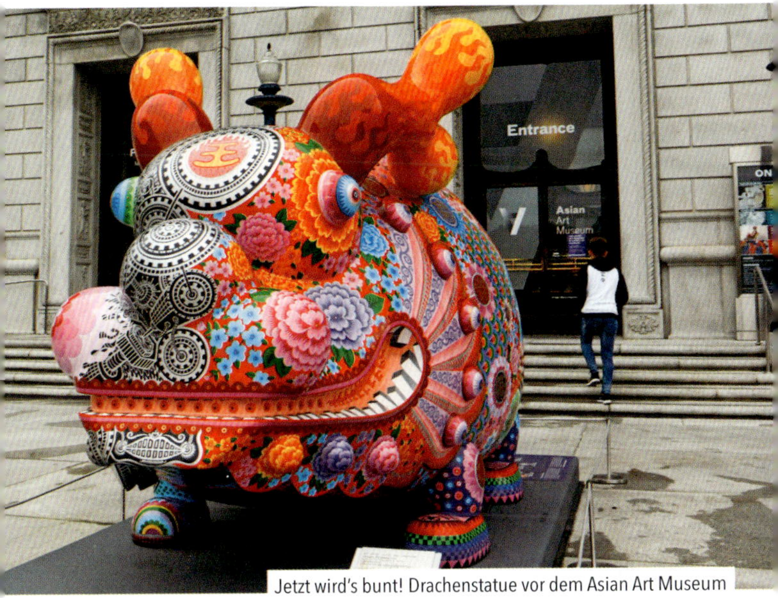

Jetzt wird's bunt! Drachenstatue vor dem Asian Art Museum

barschaft. *Di–Sa 10–17 Uhr | Eintritt $ 10 | 398 Eddy Street | tenderloinmuseum.org | Muni 38 Geary |* 1–2 Std. | h4

62 VENUS

Ein Selfie mit der Freiheitsstatue? In San Francisco zugegebenermaßen etwas schwierig. Doch wie wär's mit einem Foto mit der rund 28 m hohen, postmodernen Statue der *Venus von Milo* aus hochglanzpoliertem Stahl? Das derzeit höchste Kunstwerk der Stadt, entworfen von Lawrence Argent, steht im Innenhof des Trinity-Wohnkomplexes mit seinen 1900 Wohnungen. Täglich von 10 bis 18 Uhr darf die Kamera gezückt werden. 33 *8th Street | Muni F Market & Wharves |* h5

INSIDER-TIPP
Die größte Frau der Stadt

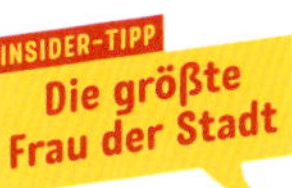

63 ASIAN ART MUSEUM ★

Das alte Gebäude im Golden Gate Park wurde aufgrund eines Erdbebenschadens abgerissen, seit 2003 residiert das Asian Art Museum in der ehrwürdigen ehemaligen Stadtbibliothek gegenüber dem Rathaus. Das Warten hat sich gelohnt: Auf fast 4000 m² warten über 18 000 verschiedene Ausstellungsstücke. Immens populäre Sonderausstellungen, kreative Events wie das Nachspielen historischer Begebenheiten, Lunchlesungen von Gedichteschreibern und thematische Spezialveranstaltungen an jedem Donnerstagabend machen das Asian Art Museum zu einem absolut lohnenswerten Ziel. *Do 13–20, Fr–Mo 10–17 Uhr | Eintritt $ 20 | 200 Larkin Street | asianart.org | Muni 5 Fulton |* 2–3 Std. | h4

64 CITY HALL/CIVIC CENTER

Nach dem Erdbeben von 1989 nutzte der damalige Bürgermeister Willie Brown die Gunst der Stunde, das 1915 eröffnete Rathaus nicht nur seismisch zu sichern, sondern auch das Dach in den ursprünglichen Zustand zurückzuversetzen – Goldschmiedearbeiten im Wert von über $ 330 000 inklusive. Das Gebäude mit seiner über 93 m hohen Kuppel – höher als das Kapitol in Washington – wurde von Arthur Brown jr. entworfen, dem Architekten des Opernhauses und des Coit Tower. Im Zentrum schwingt sich eine imposante Marmortreppe empor, im dritten Stock befindet sich der Saal, in dem 1954 Marilyn Monroe und Joe DiMaggio heirateten. Mit etwas Glück bringt dich die empfehlenswerte Führung ins Vorzimmer und in den Empfangsraum des Bürgermeisters. Hier sind Geschenke, die Würdenträger aus aller Welt dem Bürgermeister überreichten, zu bestaunen. *Mo–Fr 8.30–18 Uhr, Führungen Fr 11, 13 Uhr | 1 Dr. Carlton B. Goodlett Place | 1 Std.*

INSIDER-TIPP
Im Herzen der Macht

Das *Civic Center* mit Bibliothek, Oper, Theater und Museum wurde nach

Unter der Kuppel der City Hall treffen sich Brautpaare und politische Ränkeschmiede

dem Erdbeben von 1906 vollständig neu aufgebaut. Die französische Renaissance stand Pate für das Rathaus, die Fassaden der darum herumgruppierten Bauwerke wurden ihm angeglichen, obwohl sich die Bauphase von 1915 (Rathaus) bis 1936 *(Federal Office Building)* hinzog. Nur die erst 1980 entstandene *Davies Hall* – Sitz des *San Francisco Symphony Orchestra* – wurde im bewussten Kontrast modern und weniger erdbebenanfällig errichtet.
Auf der Rückseite des Rathauses blickt Abraham Lincoln auf das Civic Center, wo es nicht immer ganz zivilisiert zugeht. Die Bronzeskulptur des armenischen Künstlers Haig Patigian verkörpert Lincoln weniger grimmig als andere Denkmäler. Zu Recht, denn der wohl bedeutendste Präsident der USA konnte am Ende des Sezessionskriegs auf ein Land blicken, in dem die Sklaverei ein Auslaufmodell war. Wie der Republikaner Lincoln wohl die Geschicke der heutigen USA geleitet hätte? *Muni 6 Haight/Parnassus* | *h4*

65 SAN FRANCISCO CENTER FOR THE BOOK

Schriftsteller, Blogger und Autoren zieht es noch immer nach San Francisco. Klar, heute läuft vieles online, doch das San Francisco Center for the Book feiert die Kunst des Buchdruckens und -bindens. Workshops, Ausstellungen, Vorträge und Events – das Buch gehört noch lange nicht zum alten Eisen. *Mi–So 10–17 Uhr | 373 Rhode Island Street | sfcb.org | Muni 19 Polk |* *Q9*

HAIGHT-ASHBURY/ GOLDEN GATE PARK

Golden Gate Park, Haight-Ashbury, Alamo Square und Mission District: Der Westen der Stadt bestand vor weniger als 150 Jahren noch aus wilden Sanddünen, die jedoch mit dem Zustrom neuer Einwohner relativ rasch in Wohngebiete und einen großen Park umgewandelt wurden.
Im Golden Gate Park erholen sich Einwohner wie Touristen von der Hetze des Alltags: Museen, Gartenanlagen, Liegewiesen und Sport bieten für jeden etwas. Am Ostrand des Parks beginnt der Stadtteil Haight-Ashbury. Hierhin zog es in den 1960er-Jahren Heerscharen von Hippies, die mit Gitarre und Drogen im Gepäck das Fundament für den *Summer of Love* im Jahr 1967 legten. „Echte" Hippies gibt es schon lange nicht mehr, was aber Neuankömmlinge aus aller Welt nicht davon abhält, in ausgefallenen Geschäften nach nicht minder ausgefallenen Kleidungsstücken, Büchern und Musik zu stöbern. Nur unweit von der Haight Street entfernt liegt der Alamo Square mit seinen aus Film und Fernsehen bekannten viktorianischen Prunkhäusern. Und dann ist da noch der Mission District, Zentrum der mexikanischen und lateinamerikanischen Zuwanderer, die heute von den Tech-Bros vertrieben werden.

66 ALAMO SQUARE

Bereit für einen Crashkurs in Stadtgeschichte? Los geht's: Viktorianische Häuser wie die berühmten *Painted Ladies*, die man an der Ostseite des Alamo Square sieht, heißen nicht so, weil sie von der britischen Königin Viktoria persönlich entworfen, gebaut oder bezahlt wurden. Nein, die Holzbauten entstanden lediglich während ihrer Regentschaft zwischen 1837 und 1901 und folgen noch nicht mal einem gemeinsamen Stil. Sie wurden errichtet, weil 1849 in San Francisco der große Goldrausch ausbrach und die Goldgräber irgendwo wohnen mussten.
Zurück zum Alamo Square: Den ließ Bürgermeister James Van Ness rund um einen Teich auf dem Alamo Hill errichten, an dem damals Reiter, die von der Mission Dolores zum Presidio unterwegs waren, ihre Pferde tränken konnten. Teich und Pferde sind inzwischen Geschichte, heute ziehen ein Spiel- und ein Tennisplatz die Einheimischen an. Besucher weiden sich am gegensätzlichen Blick auf die besag-

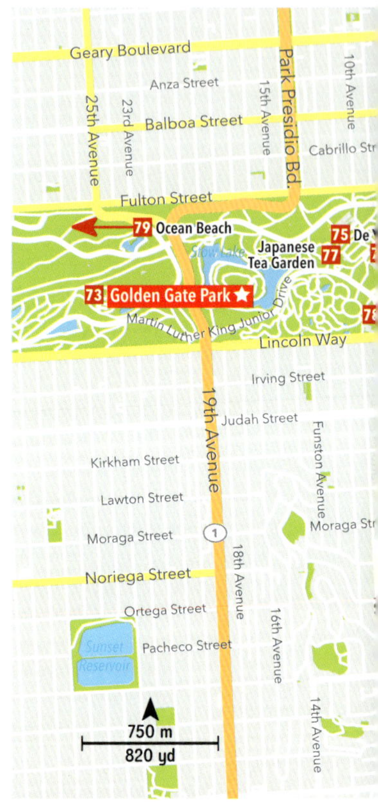

Hier sind die 1960er-Jahre quicklebendig: Vintage Store auf der Haight Street

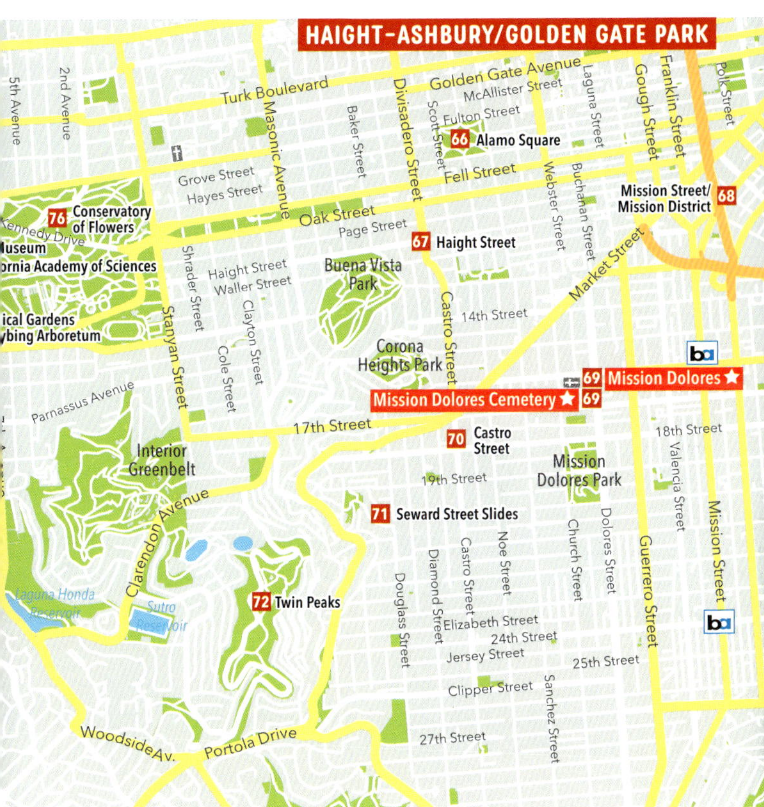

ten alten Damen der *postcard row* und die dahinter aufragenden modernen Himmelsstürmer der Innenstadt.

Popkultur-Experten wissen, dass am und um den Alamo Square unter anderem die Filme „Invasion der Körperfresser", „Mrs. Doubtfire" sowie die TV-Serie „Full House" gedreht wurden. Alle anderen wissen es jetzt.

Übrigens: Wer sich an den *Painted Ladies* nicht sattsehen kann, findet weitere viktorianische Häuser am Lafayette Square, an der California Street, an der Liberty Street sowie zwischen der Franklin Street und dem Presidio. *Muni 21 Hayes* | *L7*

67 HAIGHT STREET

Das Flower-Power-Epizentrum teilt sich in zwei Bereiche: Die Lower Haight zwischen Divisadero und Webster Street beherbergt kleine Restaurants, Kneipen und Plattengeschäfte, die Upper Haight zwischen Stanyan Street und Masonic Avenue flippige Boutiquen und abgefahren-abgewrackte Typen gleichermaßen. *Muni 6 Haight/Parnassus* | *J-M8*

Schrill und bunt – mit ihren *murals* gleicht die Mission Street einer Open-Air-Galerie

68 MISSION STREET/ MISSION DISTRICT

An der 11th Street biegt die Mission Street nach Süden ab und führt in ein begehrtes Wohnviertel: den – noch – lateinamerikanischen *Mission District*. Hier tobt die Gentrifizierung äußerst wild: Mitglieder der Tech-Gemeinde kündigen Alteingesessenen die Wohnungen, verdrängen authentische Restaurants und hinterlassen an Wochenenden Müllberge im *Mission Dolores Park (Dolores Street, zwischen 18th und 20th Street)*. An die Latino-Historie erinnern die zahlreichen Graffiti rund um die 24th Street. Was aktuell im Viertel los ist, erfährst du unter *missionlocal.org*. Achtung: Mag die Gegend noch so hip sein – zwischen 16th und 26th Street tummeln sich auch die Sureño- und Norteño-Gangs. *Muni 14 Mission* | *h5*

69 MISSION DOLORES/MISSION DOLORES CEMETERY ★

Auch, wenn diese Kirche mit dem Offiziersclub des Presidio um den Titel „ältestes noch stehendes Gebäude der Stadt" rangelt: Gegründet wurde die Mission San Francisco de Asís am 29. Juni 1776, eine knappe Woche, bevor die USA ihre Unabhängigkeit erklärten. Das aus Lehmziegeln errichtete Gebäude überlebte das Erdbeben von 1906, die heute neu aufgebaute Basilika rechts daneben hingegen nicht – so viel zu moderner Baukunst. Nicht unumstritten ist Junípero Serra, der hier begrabene Missionsvater, der 2015 von Papst Franziskus heiliggesprochen wurde. Indigene Stämme klagen, dass ihre Urahnen von Serra und seinen spanischen Ordensbrüdern unterdrückt und zu Zwangsarbeit herangezogen worden seien. Auf dem

Friedhof neben der Kirche ruhen friedlich vereint über 5 000 Ohlone- und Miwok-Indianer neben zahlreichen Siedlern Kaliforniens. Uralte Bäume und Gewächse schmücken den daran angeschlossenen Park. *Di–So 10–16 Uhr | $ 7 Spende erbeten | 3321 16th Street | missiondolores.org | Muni J Church |* *M9–10*

70 CASTRO STREET

Im Umfeld des *Summer of Love* entstand hier in den 1970ern eins der ersten schwulen Stadtviertel der USA überhaupt. In den 1980ern durch die Aids-Epidemie stark gebeutelt, hat das Castro sich als Zentrum der LGBTQ+-Gemeinde behauptet und feiert seine Wurzeln mit zahlreichen Festivals und Paraden. Hier hatte auch Harvey Milk sein Fotogeschäft, der erste offen schwule Stadtrat San Franciscos. Mehr Einsichten liefert die informative *Cruisin' the Castro Walking Tour (Di, Sa 10 Uhr | $ 30 | cruisinthecastro.com | Muni F Market & Wharves).* *L8–11*

71 SEWARD STREET SLIDES

Einmal mehr drohte 1963 eine Freifläche den Immobilienhaien in die Hände zu fallen. Doch engagierte Nachbarn kämpften zehn Jahre lang dagegen an. Das Ergebnis: der *Corwin Community Garden* mit dem *Seward Minipark,* in dem die von einem Teenager entworfenen Rutschen, die *Seward Street Slides,* von Erwachsenen augenzwinkernd „nur in Begleitung von Kindern" genutzt werden dürfen. *Tgl. 10–17 Uhr | Seward Street/Douglass Street | Muni F Market & Wharves |* *L10*

INSIDER-TIPP
Kinder haften für ihre Eltern

72 TWIN PEAKS

Von unten betrachtet wirken die Twin Peaks mit dem oft vom Nebel umspielten Funkturm, dem *Sutro Tower,* etwas gruselig. Doch der Ausblick auf Meer, Stadt und die Bay ist gerade beim Sonnenuntergang und nachts einmalig. Doch lass nichts im Auto: Hier wird kräftig eingebrochen. *Muni F Market & Wharves bis Church Station, von dort Muni 37 Corbett bis Endstation, dann kurzer, steiler Fußweg |* *J–K11*

73 GOLDEN GATE PARK ★

Wer ist größer, der Central Park oder der Golden Gate Park? Wer New York sagt, liegt daneben: Tatsächlich hat San Franciscos grüne Lunge mit 4,1 km² die Nase vorn. Früher gab es hier nur Sanddünen, die obendrein fast zur Rennstrecke geworden wären. Doch für Autorennen hatten Planer William Hammond Hall und Parkchef John McLaren nichts übrig. Die beiden begannen 1870 mit ihrer Arbeit und hatten fünf Jahre später bereits 60 000 Bäume gepflanzt, meist Eukalyptus, Pinien und Zypressen. Vier Jahre später waren es 155 000 – und McLaren suchte überall auf der Welt nach weiteren Bäumen. Zweimal sollte er in den Ruhestand gehen, zweimal ignorierte er den Rentenbescheid. 1945 starb er im Alter von 96 Jahren in der McLaren Lodge – natürlich in seinem geliebten Park. Oh, und die Windmühlen an dessen Westseite?

Der clevere McLaren bewässerte damit das Grün. Die südliche ist die größte der Welt, an der nördlichen feiert die holländische Gemeinde jährlich ihren König.
Heute weiden im Park Bisons, es locken Wiesen, Schachfelder, Tennis-, Baseball- und Golfplätze, und Einheimische wie Besucher rudern und paddeln auf dem *Stow Lake* um die Wette. *Muni 5 Fulton | Muni 29 Sunset | A–H 8–9*

74 CALIFORNIA ACADEMY OF SCIENCES

Das vom Stararchitekten Renzo Piano entworfene Gebäude setzt als noch immer grünstes Museum der Welt stark auf erneuerbare Energien. Unter dem elegant geschwungenen, begrünten Dach beherbergt es einen über vier Stockwerke angelegten künstlichen Regenwald, das *Steinhart Aquarium* mit 40 000 Meeresbewohnern, einem großen Korallenriff, Sumpfgebieten und Unterwassertunnel, das spektakuläre *Morrison Planetarium* sowie das *Kimball Natural History Museum* mit Blauwal- und Tyrannosaurus-Rex-Skeletten, einem Foucaultschen Pendel und interaktiven Exponaten – etwa einem Zimmer, das von einem Erdbeben durchgeschüttelt wird. Großartig! *Mo–Sa 9.30–17, So 11–17 Uhr | Eintritt je nach Tag $ 36,75–44,25, Kinder $ 28,75–34,50 | Golden Gate Park | calacademy.org | Muni 5 Fulton | 3 Std. | G8*

75 DE YOUNG MUSEUM

Der monolithisch-kupferne Gebäudeneubau im Golden Gate Park ist architektonisch nicht unumstritten – dafür versammeln sich in seinem Inneren große Schätze: über 1000 Gemälde und 800 Skulpturen von amerikanischen Künstlern wie Grand Wood, George Caleb Bingham und Richard Diebenkorn, aber auch von Europäern wie Claude Monet, Joan Miró und Andy Goldsworthy. Dazu kommen Sammlungen afrikanischer, südamerikanischer, ozeanischer und textiler Kunst. Unbedingt die Gratis-Aussicht vom Turm genießen! *Di–So 9.30–17.15 Uhr | Eintritt $ 15, Karte gilt auch für den Palace of the Legion of Honor | 50 Hagiwara Tea Garden Drive | deyoung.famsf.org | Muni 5 Fulton | 2–3 Std. | G8*

76 CONSERVATORY OF FLOWERS

Mehr Grün geht kaum: Über 1700 tropische Pflanzenarten aus aller Welt wetteifern im 1879 eröffneten Riesengewächshaus des Conservatory of Flowers am Ostrand des Golden Gate Park um Licht, Luft und Wasser: Orchideen, fleischfressende Pflanzen, Palmen und vieles mehr – darunter zahlreiche exotische Raritäten, die schillernde Schmetterlinge anlocken. Der im viktorianischen Stil gehaltene Glaspalast ist das älteste öffentliche Gewächshaus Nordamerikas. *Di–So 10–16 Uhr | Eintritt $ 11–15 | conservatoryofflowers.org | Muni 5 Fulton | 1–2 Std. | H8*

77 JAPANESE TEA GARDEN

Der japanische Teegarten ist seit 1894 fester Bestandteil des Golden Gate Park. Hier scheint die Großstadt

Beeindruckend: Skelett des Tyrannosaurus Rex in der California Academy of Science

weit entfernt: Stille Seen, steile Brücken, verwunschene Pagoden und geheimnisvolle Buddhastatuen versetzen dich ins historische Japan. Besonders schön: ein Besuch während der Kirschblüte im März/April. *März–Okt. 9–17.45, Nov.–Feb. 9–16.45 Uhr | Mo, Mi, Fr 9–10 Uhr Eintritt frei, sonst $ 12–16 | 75 Hagiwara Tea Garden Drive | Muni 5 Fulton | ⏲ 1–2 Std. | 🕮 F8*

78 BOTANICAL GARDENS AT STRYBING ARBORETUM

Der beeindruckende botanische Garten im Strybing Arboretum beherbergt Tausende von Pflanzen, die teilweise nur noch hier zu finden sind: einheimische Gewächse und solche aus Asien, Afrika, Südamerika und Australien. *Tgl. 7.30–18 (Mitte März–Sept.), 7.30–17 (Okt.–Anfang Nov. und Feb.–Mitte März), 7.30–16 Uhr (Anfang Nov.–Ende Jan.) | Eintritt $ 11–15, Kinder (ab 4 J.) $ 3–7 | 1199 9th Av./Ecke Lincoln Way | sfbotanicalgarden.org | Muni 7 Haight/Noriega | ⏲ 1–2 Std. | 🕮 F–G 8–9*

79 OCEAN BEACH

Der windigste, wildeste und nebligste Strand der Stadt heißt Ocean Beach. Trotz der Wetterverhältnisse wandelten Städteplaner die Sanddünen in ein Wohngebiet um: Die Stadtviertel *Outer Richmond, Sunset* und *Parkside* waren geboren. Erfahrene Surfer wagen sich in die Wellen, wo sich auch Haie tummeln können. Im September/Oktober ist es am Ocean Beach am wärmsten – vielleicht sogar für ein kurzes Sonnenbad, auf jeden Fall für einen Strandspaziergang. *Great Highway | Muni N Judah | 🕮 A7–12*

ESSEN & TRINKEN

Es heißt, in San Francisco gäbe es so viele Restaurants, dass alle Einwohner gleichzeitig ausgehen könnten und jeder einen Platz finden würde. Man sagt aber auch, niemand sei in den USA so sehr auf eine schlanke Linie und auf gesundes Essen bedacht wie die Kalifornier.

Wie passt beides zusammen? Nun, es geht, weil das Essen wirklich gut ist. Die Gastronomie Nordkaliforniens ist die kreativste und ausgefallenste der USA – und ihre Hochburgen heißen San Francisco und Napa Valley. Hier wurde die California-Cuisine erfunden. Das

Hippe Cafés wie das Mario's gibt's in der ganzen Stadt

Grundrezept: Koche leicht, variiere die ethnischen Spezialitäten der vielen Völker im Land und besorge alle Zutaten frisch auf den heimischen Märkten.
Parallel änderten die Winzer in und um Napa und Sonoma ihre Methoden, gingen von der Massenproduktion zu gut gepflegten Weinen über. Diese beiden Grundlagen – frische, lokal angebaute Zutaten und leckere Weine – zeichnen auch anderswo eine hervorragende regionale Küche aus. Doch hier in San Francisco lässt sich diese auf engstem Raum in ihrer ganzen Vielfalt genießen.

WO SAN FRANCISCO ISST

Dim-Sum, Reis- und Nudelgerichte: essen wie Gott in China

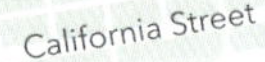

LITTLE SAIGON

Völkerverständigung: vietnamesische und thailändische Speisen friedlich vereint

PRESIDIO

RICHMOND DISTRICT

Lombard Street
Divisadero
California Street
Geary Boulevard
Turk Boulevard
Balboa Street
Fulton Street
Masonic Avenue
Webster Street
Fell Street
Oak Street

MARCO POLO HIGHLIGHTS

★ **B. PATISSERIE**
Preisgekrönte Nachspeisen, die vor deinen Augen gebacken werden ➤ S. 72

★ **BENU**
Asian Fusion in Vollendung in einem der besten Restaurants der Stadt ➤ S. 74

★ **GREENS RESTAURANT**
Das Nonplusultra für Vegetarier ➤ S. 77

★ **GARY DANKO**
Der renommierteste Gourmettempel von ganz San Francisco ➤ S. 76

★ **ZUNI CAFÉ**
Szenetreff und einer der besten Orte für ein gediegenes Mittagessen ➤ S. 78

★ **HARRIS' RESTAURANT**
Top-Steaks im gediegenen Ambiente ➤ S. 77

★ **BIX**
Zeitreise in die 1930er-Jahre ➤ S. 74

★ **TADICH GRILL**
Top-Fischgerichte im ältesten Restaurant der Westküste ➤ S. 79

★ **IN-N-OUT BURGER**
Hamburger und Milchshakes, stets köstlich frisch zubereitet und nahe Fisherman's Warf ➤ S. 81

★ **TORRAKU RAMEN**
Leckere japanische Nudelsuppen – das neueste Hipsterfood der Stadt ➤ S. 83

NORTH BEACH
Pizza, Pasta und italoamerikanische Originale, die Cafés und Parks bevölkern
DOWNTOWN
Ramen, Salate und Sandwiches – alles, was Bürokrieger in der Pause verputzen
MISSION DISTRICT
Burritos, Tacos, Tortas, Quesadillas & Co. räumen mit dem größten Hunger auf
In-N-Out Burger
Gary Danko
Bix
Harris' Restaurant
Tadich Grill
Benu
Zuni Café
Torraku Ramen
NORTH BEACH
CHINATOWN
SOUTH OF MARKET
MISSION DISTRICT
San Francisco Bay
China Basin
The Embarcadero & Broadway
The Embarcadero & Ferry Building
California St & Kearny St
Embarcadero
Montgomery Street
16th Street Mission
24th Street Mission
Bay Street
Columbus Avenue
The Embarcadero
Broadway
Clay Street
Van Ness Avenue
Pine Street
Bush Street
Taylor Street
Geary Street
O'Farrell Street
Turk Street
Golden Gate Avenue
Market Street
Mission Street
Howard Street
Folsom Street
Harrison Street
Bryant Street
3rd Street
4th Street
King Street
Franklin Street
8th Street
7th Street
10th Street
13th Street
16th Street
Mission Street
South Van Ness Avenue
Potrero Avenue
Cesar Chavez Street
101
80
280
750 m
820 yd

Noch etwas macht die kulinarische Pilgerfahrt durch San Francisco lohnenswert: die Vielfalt der nationalen Gerichte. Japanisch, chinesisch, mexikanisch, französisch, italienisch, vietnamesisch, indisch – alles befindet sich quasi Tür an Tür. In einer Stadt mit rund 4500 Restaurants kann man sicher sein: Was nichts taugt, macht schnell wieder zu. Nicht nur bei schickeren Restaurants gilt: Reservieren spart Zeit – online klappt es oft noch am Besuchstag.

Zu den besonderen Regeln in jedem amerikanischen Restaurant gehört es, dass die Gäste sich nicht selbst den Platz aussuchen, sondern vom *host* an den Tisch geführt werden. Trinkgeld ist in den Preisen auf der Speisekarte genauso wenig enthalten wie die Umsatzsteuer. Da Kellner oft nur ein geringes Grundgehalt bekommen, sind 15–20 Prozent Trinkgeld *(tip)* auf den Nettorechnungsbetrag angemessen.

KAFFEE, BRUNCH & EIS

1 ANGEL CAFE

INSIDER-TIPP
Arabische Gastfreundschaft

Das Café ist eine wahre Innenstadtoase. Nagham Aboufaraj und sein Team freuen sich über internationale Gäste und versorgen euch mit starken Kaffeegetränken, hausgemachten Salaten und Sandwiches. Dazu gibt es täglich frische Nachspeisen und freien Internetzugang – was will man mehr? Unsere Empfehlung: das Hot Club Sandwich auf Dutch-Crunch-Brot. *Tgl. | 700 Geary Street | Muni 38 Geary | Downtown | ꕤ h4*

2 B. PATISSERIE ★

Hier gibt's himmlische Gebäckspezialitäten: Konditorin Belinda Leong wurde 2014 u. a. wegen ihres *kouign amann* (bretonischen Butterkuchens) für den renommierten *James Beard Award* nominiert. *Mi–So | 2821 California Street | bpatisserie.com | Muni 1 California | Pacific Heights | ꕤ K5*

3 BRENDA'S SOUL FOOD

Du willst eigentlich nach New Orleans? Das trifft sich gut: Brenda Buenviaje kocht tolles *French soul food* aus ihrem Heimatstaat Louisiana. Langschläfer brunchen hier bis 20, Dienstags nur bis 15 Uhr. Beste *biscuits* der Stadt! *Tgl. | 652 Polk Street | frenchsoulfood.com | Muni 38 Geary | Tenderloin | ꕤ h4*

4 CAFFE TRIESTE

In diesem Café in North Beach atmet man Geschichte: An den Wänden hängen Fotos von Schriftstellern, die hier über den Sinn des Lebens philosophierten. Kerouac, Ginsberg, Snyder – viele Helden der Beatgeneration saßen schon in dem ehrwürdigen, bis 22 Uhr geöffneten Kaffeehaus. *Tgl. | 609 Vallejo Street | caffetrieste.com | Muni 30 Stockton | North Beach | ꕤ j2*

5 THE CRÊPE HOUSE ☂

Bei riesigen Portionen feiner Omeletts, köstlicher Crêpes und Waffeln ein herrlicher Platz, um die Einheimischen zu beobachten. An klaren Tagen lacht morgens die Sonne auf Frühstücker und Bruncher – bei Regen blickt man durch große Fenster auf

Caffe Trieste: Die gelassene, lockere Atmosphäre lockte schon die Beatgeneration hierher

das Straßengewimmel. *Tgl. | 1755 Polk Street | thecrepehouse.com | Muni 19 Polk* | Nob Hill | h3

6 THE FRENCH SPOT

Maria Zapata und Vincent Attali backen die vielleicht besten Croissants der Stadt – Schokolade! Mochi! – und zahlreiche asiatisch inspirierte Delikatessen wie den Korean Garlic Bun. *Do–Mo | 1042 Larkin Street | Muni 2 Sutter* | Tenderloin | h3

7 HUMPHRY SLOCOMBE ICE CREAM

Häufig stehen lange Schlangen vor dieser Eisdiele mit Bio-Eis. Rund ein Dutzend von 52 krassen Sorten gibt's täglich frisch, darunter *Jesus Juice, Butter Beer* und *Guinness Gingerbread*. *Tgl. | 2790 Harrison Street | Muni 27 Bryant* | Mission | O11

8 KITTEA CAFÉ

Katzen und Tee bis zum Abwinken: Für $ 20 die Stunde geht es ab in die Katzenlounge. Waffeln, Sandwiches und ... okay, auch Kaffee gibt es hier. Online reservieren. Miau! *Tgl. | 1266 Valencia Street | kitteasf.com | Muni 14 Mission* | Mission | N11

9 MARIO'S BOHEMIAN CIGAR STORE AND CAFÉ

Spätesser lieben das gemütliche Eckcafé: Es ist täglich bis 21 Uhr geöffnet. Probier die gegrillten Focaccia-Sandwiches. *Tgl. | 566 Columbus Av. | Muni 45 Union/Stockton* | North Beach | j2

10 MYMY
Vor diesem Eckcafé bilden sich gern lange Schlangen. Zu Recht, denn statt Brunchstandards gibt's kreative Leckereien wie die *lemon ricotta pancakes* oder das *Tex Mex scramble*. Unter der Woche kommst du schneller an dein Frühstück als am Wochenende. *Tgl. | 1500 California Street | mymysf.com | Muni 1 California | Nob Hill | h3*

11 RED'S JAVA HOUSE
In diesem seit 1923 geöffneten Stück Zeitgeschichte, wo sich einst Hafenarbeiter aufwärmten, gibt's weit mehr als nur Kaffee: Banker und Giants-Fans schätzen Hamburger auf *sourdough bread* (Sauerteigbrot) mit Blick auf die Bucht, an schönen Tagen unter freiem Himmel. *Tgl. | Pier 30 | Muni KT Ingleside/Third Street | South Beach | l3–4*

12 SMITTEN ICE CREAM
Eis, das vor deinen eigenen Augen hergestellt wird? Das macht nur Smitten. Du suchst dir deinen gewünschten Geschmack aus, anschließend werfen die Eiskünstler die Zutaten in eine mit flüssigem Stickstoff betriebene Maschine, die das Eis augenblicklich und besonders cremig zubereitet. Probier *Salted Caramel! Tgl. | 904 Valencia Street | Muni 14 Mission | Mission | N10*

13 ST FRANCIS FOUNTAIN
Der vielleicht älteste *diner* der Stadt ist seit 1918 im Geschäft: Wohlfühlfrühstück *(chocolate chip pancakes!)*, tolle Eiskreationen, wunderbare Milchshakes und ein Tresen voller Süßigkeiten. *Tgl. | 2801 24th Street | Muni 14 Mission | Mission | P11*

14 SWENSEN'S ICE CREAM
1948 eröffnete Earle Swensen diese Eisdiele und landete damit einen weltweiten Hit, dessen Ruf bis nach Asien und in den Mittleren Osten reicht. Mutige wagen sich an die Sorten *Bubblegum* und *Wild at Heart*, Genießer wählen *Wild Mountain Blackberry* und *Turkish Coffee*. Nur drei Straßen von der Lombard Street entfernt. *Di–So | 1999 Hyde Street | Cable Car Powell/Hyde | Russian Hill | h2*

RESTAURANTS €€€

15 BENU ★
Wenn es einmal besonders schick sein soll, hilft ein Besuch im Benu. Corey Lee, Chefkoch und Inhaber des mit drei Michelinsternen prämierten Restaurants, kredenzt mit seinem Team knapp 20 köstliche Gänge feinster asiatischer Fusion-Küche. *Di–Sa | 22 Hawthorne Street | Tel. 1415 6854860 | benusf.com | Muni 30 Stockton | SoMa | k4*

16 BIX ★
Edel und cool zugleich: Mit Art-déco-Ambiente und Livejazz ein verstecktes Kleinod mitten im Finanzviertel. Fein machen! Das Lokal wirkt fast wie ein Speisesaal eines Kreuzfahrtschiffs der 1920er-Jahre. *Tgl. | 56 Gold Street | Tel. 1415 4336300 | bixrestaurant.com | Muni 45 Union/Stockton | Financial District | j2*

Unsere Empfehlung heute

Vorspeisen

CLAM CHOWDER
Cremig-helle Muschelsuppe mit Fleisch, Kartoffeln, Zwiebeln und Gewürzen

CRAB CAKES
Frikadellengroße Krebsküchlein aus gehacktem Krebsfleisch, Zwiebeln, Chilis und Kräutern

HANGTOWN FRY
Üppiges Omelett aus Eiern, Austern und Speck

Hauptgerichte

BURRITO
Bohnen, Reis, Fleisch, Sauerrahm, Avocado, Kräuter und Käse in eine Tortilla gewickelt

CHOP SUEY
Eintopf aus verschiedenen Gemüsen wie Bambussprossen, Mungbohnenkeimen und Pilzen mit dünn geschnittenem Hühner-, Schweine- oder Rindfleisch

DIM SUM
Täglich frisch gemachte Teigtäschchen mit Shrimps, Gemüse, Fleisch und auch exotischen Zutaten

RAMEN
Japanische Nudelsuppe aus unterschiedlichen Fonds und Nudeln, kombiniert mit Ei, Fleisch und Gemüse

Nachspeisen

CANNOLI
Gerolltes Gebäck, gefüllt mit Ricotta und Schokoladenchips

CRUFFIN
Wie ein Muffin gebackenrs Croissant mit Vanille-, Schokoladen- und vielen anderen Füllungen

IT'S-IT
Zwei Haferflockenkekse, die lokal hergestellte Eiscreme umschließen

Getränke

ANCHOR STEAM
Würziges Dampfbier, seit 1896 ununterbrochen in San Francisco gebraut

IRISH COFFEE
Potenter Mix aus Kaffee, Whiskey und Sahne

THAI ICE TEA
Erfrischend-kräftiger schwarzer Tee mit Gewürzen, Zucker und Milch über Eis

Im Foreign Cinema ist Küchenchefin Gayle Pirie jedes Detail wichtig

17 BOULEVARD

2013 wählte die James Beard Foundation das Lokal im *Audiffred Building* zum Nation's Outstanding Restaurant. Der Gastronomie-Oscar prämierte die kalifornische Küche (Fischspeisen kosten!) von Chefköchin Nancy Oakes, Bedienung und Ambiente. *Di–Sa | 1 Mission Street | Tel. 1415 5436084 | boulevardrestaurant.com | Muni F Market & Wharves | Embarcadero | k3*

18 FOREIGN CINEMA

Der Name ist Programm: Im Innenhof des modernen Restaurants kann man sich zu Klassikern und aktuellen Independent-Filmen an der mediterran-kalifornischen Küche von Gayle Pirie und ihrem Mann John erfreuen. *Tgl. ab 17, Sa/So auch 11–15 Uhr | 2534 Mission Street | Tel. 1415 6487600 | foreigncinema.com | Muni 14 Mission | Mission | N10*

19 GARY DANKO ★

Wer es ruhig und romantisch mag, sollte sich von Gary Danko verwöhnen lassen. Sein vielfach preisgekröntes Restaurant bietet feinste französische Küche aus lokal angebauten Zutaten und gilt als einer der besten Orte, um sein *date* zu beeindrucken. *Do–Mo | 800 N Point Street | Tel. 1415 7492060 | garydanko.com | Cable Car Powell/Hyde | Fisherman's Wharf | h1*

20 GREENS RESTAURANT ★

Eine der besten Adressen für fleischlose Küche. Das Lokal im Fort Mason liegt auf einem Anleger, der in die San Francisco Bay ragt. Mit Blick auf die Golden Gate Bridge und das schillernde Rot des Sonnenuntergangs schmecken Wasserkressesalat und gegrilltes Gemüse noch mal so gut. *Di–So | Fort Mason | Gebäude A | Tel. 1415 7716222 | greensrestaurant.com | Muni 30 Stockton | Marina | g1*

21 HARRIS' RESTAURANT ★

Vegetarier? Pescetarier? Tja, manchmal muss es eben doch Fleisch sein. Filet Mignon, *pepper steak, boneless New York steak* – schade, dass man nicht alles probieren kann, was die Speisekarte feilbietet. Spielt Geld wirklich keine Rolle, dann japanisches Miyazaki-Wagyu-Ribeye für $ 240 ordern. *Di–So | 2100 Van Ness Av. | Tel. 1415 6731888 | harrisrestaurant.com | Cable Car Powell/Hyde | Nob Hill | h3*

22 JOHN'S GRILL

Für Anhänger von Dashiell Hammett und dessen Krimihelden Sam Spade ist das Lokal von 1908, das der Autor in den 1920ern frequentierte, ein Muss. Glasleuchter, Holz, Leder – alles wie Hammett und Spade es damals vorfanden. *Tgl. | 63 Ellis Street | Tel. 1415 9860069 | johnsgrill.com | Cable Car Powell/Hyde, Powell/Mason | Downtown | j4*

23 LA MAR

Keine halbe Nummer: Im renovierten Pier 1.5 tischen blendend gelaunte Kellner traditionelle peruanische Speisen wie *ceviche, lomo saltado* und Fischgerichte auf.

INSIDER-TIPP
Prost Peru!

Obendrein gibt es hier den besten Pisco Sour der Stadt. Tägliche Happy Hour 15–17 Uhr. *Tgl. | Pier 1.5 | Tel. 1415 3978880 | lamarsf.com | Muni F Market & Wharves | Embarcadero | k2*

24 NOPA

Hier treffen sich Köche und andere Restaurantangestellte der Stadt nach Dienstschluss – denn die Küche serviert teils bis 23 Uhr immer neue Biokostkreationen. Lecker! *Tgl. | 560 Divisadero Street | Tel. 1415 8648643 | nopasf.com | Muni 21 Hayes | Northern Panhandle | L7*

25 SAM'S GRILL

Wer hier an einem nebligen Abend einkehrt, fühlt sich wie der Star in einem alten Film noir -kein Wunder, denn Sam's Grill serviert schon seit 1867 leckere Fischspezialitäten. Köstlich: gebratener pazifischer *rock cod* und *ahi tuna. Mo–Fr | 374 Bush Street | Tel. 1415 4210594 | samsgrillsf.com | Muni 8 Bayshore | Downtown | j3*

26 TOSCA CAFÉ

Zwei New Yorker retteten das legendäre, 1919 eröffnete Tosca Café vor dem Aus – und öffneten sogar erneut die Küche, die seit 1953 geschlossen war. Platz lassen für den Nachtisch! *Di–Sa | 242 Columbus Av. | Tel. 1415 9869651 | toscacafesf.com | Muni 30 Stockton | North Beach | j2*

27 ZUNI CAFÉ ★

Legendäres Restaurant mit legendären Speisen wie dem *roast chicken*, das eine Stunde lang zubereitet wird. Die Menüs wechseln täglich, die Weinauswahl ist hochwertig, die Atmosphäre geschäftig, aber gemütlich. *Mi–So | 1658 Market Street | Tel. 1415 5 52 25 22 | zunicafe.com | Muni F Market & Wharves | Hayes Valley | h5*

RESTAURANTS €€

28 ALEGRÍAS

Gerichte und Einrichtung könnten nicht spanischer sein. Besitzer und Chefkoch Faedi González kocht nach Rezepten seiner Mutter und seiner Großmutter – das lieben nicht nur die Spanier und Latinos. *Mi–So | 2018 Lombard Street | Tel. 1415 9 29 88 88 | alegriassf.com | Muni 30 Stockton | Marina | L3*

29 BIERGARTEN

Vor dem Erdbeben von 1989 pflügte sich ein Freeway auf Stelzen durch das Hayes Valley. Durch dessen Abriss entstand der Octavia Boulevard, gesäumt von der zweigeteilten Octavia Street. Ein perfekter Ort für den Biergarten mit seinen zwei Schiffscontainern – im ersten gibt's Brezn und Burger, im zweiten wechselnde Biere vom Fass. Prost! *Mi–So | 424 Octavia Street | Tel. 1415 2 52 92 89 | biergartensf.com | Muni 21 Hayes | Hayes Valley | g5*

30 FANG

Wenn ein grauhaariger Herr deine Bestellung aufnehmen will, ist das Peter Fang, der mit Tochter Nancy moderne chinesische Küche serviert. Du sagst ihm, was du magst und dass er dich überraschen soll. Das gelingt ihm immer, versprochen! *Tgl. | 660 Howard Street | Tel. 1415 7 77 85 68 | fang restaurant.com | Muni 30 Stockton | SoMa | k4*

31 GREAT EASTERN RESTAURANT

Dim-Sum-Restaurants gibt es in Chinatown wie Sand am Meer. Doch nur hier stoppte Präsident Obama bei jedem Besuch vor Ort. Verständlich. *Mi–Mo | 649 Jackson Street | Tel. 1415 9 86 25 00 | greateasternsf.com | Muni 30 Stockton | Chinatown | j2*

32 KIN KHAO

Im Kin Khao im Parc-55-Hotel gibt es Kleinode wie *caramelized pork belly*. Einziges Thai-Restaurant der USA mit Michelin-Stern. *Tgl. | 55 Cyril Magnin Street | Tel. 1415 3 62 74 56 | kinkhao.com | Muni F Market & Wharves | Downtown | j4*

33 KOKKARI ESTIATORIO

Zum Griechen? In San Francisco? Und ob! Chefkoch Erik Cosselmon mixt Griechenland und Kalifornien – probier *grilled calamari* und *lamb meatballs*. Gyros kannst du immer essen. *Tgl. | 200 Jackson Street | Tel. 1415 9 81 09 83 | kokkari.com | Muni F Market & Wharves | Financial District | k2*

34 ORIGINAL JOES'S

Im edlen Ambiente der 1940er sieht man viele bekannte Gesichter vor und hinter der Theke und isst noch immer riesige Portionen. Besonders gut: *Joe's Special. Mo–Mi, Sa/So | 601 Union Street | Tel. 1415 7754877 | originaljoes.com | Muni 45 Union/Stockton | North Beach | j2*

35 PAPITO

Gute mexikanische Restaurants gibt's nur im Mission District? Schnickschnack! Papito auf dem Potrero Hill serviert umwerfende *quesadillas* – so groß, dass von einer Vorspeise zwei Personen satt werden. Bestell Manager Gazi aus der Türkei einen schönen Gruß von uns. *Tgl. | 317 Connecticut Street | Tel. 1415 6950147 | papitosf.com | Muni KT Ingleside/Third Street | Protero Hill | Q9*

36 SWAN OYSTER DEPOT

Austern, Krabben-Chowder und geräucherter Lachs: alles Fischspezialitäten aus San Francisco – fangfrisch und zu fairen Preisen. Gegessen wird im Familienbetrieb am rustikalen Tresen, mittags ist es rappelvoll. Eine einmalige Erfahrung für Fischliebhaber! *Mo–Sa | 1517 Polk Street | Tel. 1415 6731101 | swanoysterdepotsf.us | Muni 19 Polk | Nob Hill | h3*

INSIDER-TIPP
Früh aufstehen lohnt!

37 TADICH GRILL ★

Das älteste Restaurant der Westküste und das drittälteste der USA serviert seit 1849 grandiose Fischgerichte und Salate – und, klar, auch Steaks. Nicht nur Einheimische schwören auf das Cioppino. *Mo–Sa | 240 California Street | Tel. 1415 3911849 | tadichgrillsf.com | Muni F Market & Wharves | Financial District | k3*

Köche wie Gäste haben im Swan Oyster Depot die frische Zubereitung immer im Blick

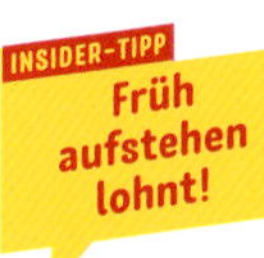

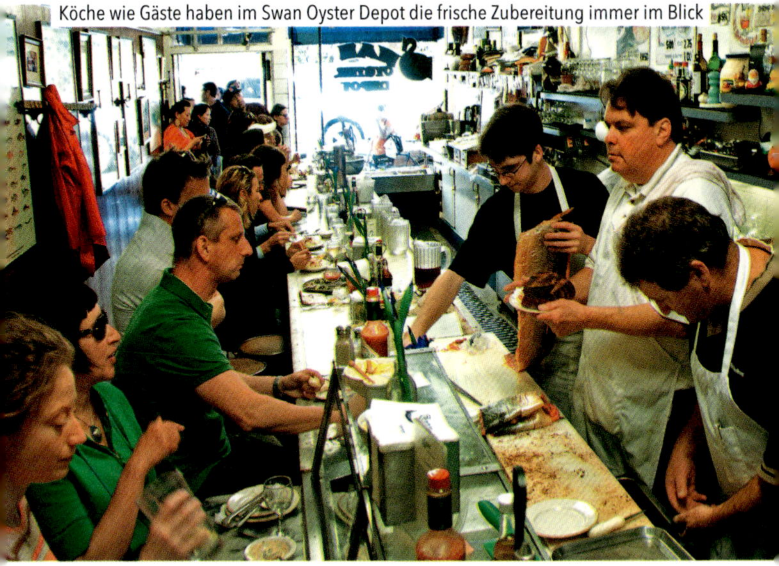

Mel's Drive-in war Schauplatz des Filmklassikers „American Graffiti"

38 TONY'S PIZZA NAPOLETANA

Die beste Pizza der USA gibt's 2023 in New York, sagt *50toppizza.it*. Tja. Doch der bisherige Spitzenreiter steht auf Platz 2: Bei Tony's brummt jeden Tag der Laden – zu recht. *Tgl.* | *1570 Stockton Street* | *Tel. 1 415 8 35 98 88* | *tonyspizzanapoletana.com* | *Muni 45 Union/Stockton* | *North Beach* | *j2*

39 VEGANBURG

Welten kollidieren: VeganBurg bereitet das inoffizielle US-amerikanische Nationalgericht ohne Fleisch zu! Das funktioniert, und sogar prächtig, wie lange Schlangen vor dem etwas anderen Hamburgerladen beweisen. *Tgl.* | *1466 Haight Street* | *Tel. 1 415 5 48 80 00* | *veganburg.com* | *Muni 7 Haight/Noriega* | *Haight-Ashbury* | *K8*

RESTAURANTS €

40 THE BIRD

So lecker sind die hier aus ehemals frei laufenden Hühnern und frischesten Zutaten zubereiteten *chicken sandwiches,* dass Basketballlegende LeBron James bei einem Auswärtsspiel gleich zehn davon orderte. Das Happier Meal wird mit *curly fries* und einem Bier serviert. *Tgl.* | *115 New Montgomery Street* | *Tel. 1 415 8 72 98 25* | *thebirdsf.com* | *Muni F Market & Wharves* | *SoMa* | *k3*

41 BUSTER'S CHEESESTEAKS

Ganz Philadelphia schwört auf Cheesesteaks. Warum? Hol dir ein Mushroom Philly Cheesesteak und beiß hinein – es wird großartig schmecken, egal, ob du nüchtern oder betrunken bist. Garantiert. *Tgl.* | *366 Columbus Avenue* | *Tel. 1 415 3 92 28 00* | *busterscheesesteaksanfrancisco.bestcafes.online* | *Muni 45 Union/Stockton* | *North Beach* | *j2*

42 CHAAT CORNER

Die Portionen in diesem indisch-pakistanischen Restaurant sind so groß, dass einem Hören und Sehen vergeht. Ordre davor rasch einen *chicken tikka masala wrap! Tgl.* | *320 3rd Street* | *Tel. 1 415 9 79 99 46* | *chaatcornersanfran cisco.com | Muni 30 Stockton | SoMa | k4*

43 CORDON BLEU

Winziges vietnamesisches Restaurant mit großartigen Speisen. Wer hier nicht den *five spice chicken salad* oder den *noodle salad* mit gegrilltem Schweinefleisch und *imperial roll* bestellt, ist selbst schuld. Wenn du nicht auf einen Platz warten willst, bestell dein Essen per Telefon. *Di–Sa | 1574 California Street | Tel. 1415 6 73 56 37 | Muni 19 Polk | Nob Hill | h3*

INSIDER-TIPP **To go statt warten**

44 DELANCEY STREET RESTAURANT

Breites Spektrum günstiger amerikanischer Küche und toller Blick auf die Bucht. Das Lokal wird von der *Delancey Street Foundation* geführt, die damit ehemaligen Häftlingen den Start in ein neues Leben ermöglicht. *Di–So | 600 Embarcadero Street | Tel. 1415 5 12 51 79 | delanceystreetfoundation.org | Muni N Judah | Embarcadero | l4*

45 FISH-N-GARI

Wer nicht aufpasst, übersieht dieses Restaurant. Großer Fehler! Leckere Bento-Boxen, kräftige Udon-Suppen, exzellente Sushi-Kreationen, gute Sake-Auswahl. Die *honey walnut prawn roll* mixt geschickt chinesische und japanische Küche. *Tgl. ab 16.30 Uhr | 1718 Polk Street | Tel. 1415 8 14 38 89 | fishngarisf.com | Muni 19 Polk | Nob Hill | h3*

INSIDER-TIPP **Fusion-Sushi**

46 HAI KY NOODLES

Eine der mehr als 30 heißen Suppen im Restaurant der Familie Hua ist das Beste, was einem an einem trüben Tag in der Stadt passieren kann. Bei Sonnenschein schmecken sie natürlich auch. *Tgl. | 707 Ellis Street | Tel. 1415 7 71 25 77 | haikynoodles.com | Muni 38 Geary | Tenderloin | h4*

47 IN-N-OUT BURGER ★

Das kalifornische Familienunternehmen ist älter als McDonald's und hat seit 1948 387 Filialen im Südwesten der USA eröffnet. Hier gibt's nur Hamburger, *French fries* und Milchshakes, doch die werden allesamt vor Ort aus frischen Zutaten zubereitet – es gibt weder Gefrierschränke noch Mikrowellen. Man schmeckt's. *Tgl. bis 1 Uhr | 333 Jefferson Street | in-n-out.com | Muni F Market & Wharves | Fisherman's Wharf | h1*

48 LAFAYETTE COFFEE SHOP

Dinner zum Frühstück? Frühstück zum Dinner? Kein Problem im Lafayette Coffee Shop. Riesenportionen, irre günstige Tageskarte: Suppe, Salat, Brot, Hauptgericht und Nachtisch kosten meist keine $ 10. *Tgl. | 611 Larkin Street | lafayette-coffee-shop.cafes-city.com | Muni 19 Polk | Tenderloin | h4*

INSIDER-TIPP **Preis und Gäste wie in den 1970ern**

49 MEL'S DRIVE-IN

Wer in San Francisco einen „ehrlichen Burger" in klassischem Ambiente essen will, geht am besten in Mel's

Drive-in. Lindgrüne Ledersitze und einfache Tische mit viel Chrom vermitteln ein 1960er-Jahre-Gefühl. Von den drei Filialen ist vor allem die kinderfreundliche auf der Lombard Street besonders empfehlenswert. *Tgl. | 2165 Lombard Street | Tel. 1415 9213039 | melsdrive-in.com | Muni 30 Stockton | Marina | 🕮 L3*

50 OASIS GRILL

Mohammad Zughaiyir aus Jerusalem heiratet Muna Azzghayer aus San Francisco. Die zwei lieben mediterrane Speisen – frisch, gesund und erschwinglich. 1999 eröffnen sie ihr erstes von fünf Geschäften: Falafel und Schawarma sind der Renner. Noch heute. *Tgl. | 91 Drumm Street | Tel. 1415 7810313 | oasisgrill.com | Muni F Market & Wharves | Financial District | 🕮 k3*

51 PAKWAN

Lass dich vom Umfeld nicht schrecken: Pakwan hat all seine Mitbewerber im Tenderloin überlebt. Natürlich orderst du *Tandoori Chicken Tikka Boti* und *Garlic Naan. Tgl. | 501 O'Farrell Street | Tel. 1415 7761060 | pakwanrestaurant.com | Muni 38 Geary | Tenderloin | 🕮 h4*

52 PANCHO VILLA

Im mexikanischen Mission-Viertel findet man an jeder Ecke eine andere *taquería*. Mit Recht, denn was kann günstiger und zugleich sättigender sein als ein *burrito* mit Reis, Gemüse und Fleisch? Hier gibt es die besten und größten (!) *burritos*, *quesadillas* und *tacos*. *Tgl. | 3071 16th Street | Tel. 1415 8648840 | sfpanchovilla.com | Muni 14 Mission | Mission | 🕮 N9*

53 SAIGON SANDWICH

In Little Saigon schlägt das Herz der Vietnamesen. Dass es bei Saigon Sandwich die besten *banh mi* (vietnamesischen Sandwiches) der Stadt gibt, mag man bei einem Blick in den schummerigen Laden kaum glauben. Freundliche Damen servieren herrlich scharfe Speisen. Seit über 30 Jahren an Ort und Stelle – und noch immer unter $5 pro Sandwich. Besonders gut: *pork meatballs.* Nur Bargeld. *Tgl. | 560 Larkin Street | Tel. 1415 4745698 | Muni 38 Geary | Tenderloin | 🕮 h4*

INSIDER-TIPP
Top-Sandwich unschlagbar günstig

54 SAM WO RESTAURANT

Sam Wo ist das ältestes Chinarestaurant der Stadt – schon seit den 1910er Jahren speisen hier Einheimische, Beatniks und Touristen. Rein geht's durch die Küche, gut und günstig speist du in den zwei Etagen darüber. *Mi–Mo | 713 Clay Street | Tel. 1415 9898898 | samworestaurant.com | Muni 8 Bayshore | Chinatown | 🕮 j3*

55 SPARK SOCIAL SF

Du weißt nicht, worauf du Hunger hast? Kein Ding. Spark Social koordiniert rund 150 Food Trucks, die hier abwechselnd Station machen. Viel Platz zum Sitzen und Chillen, auf der anderen Straßenseite gibt's noch mehr Trucks und eine Minigolfanlage. *Tgl. | 601 Mission Bay Boulevard |*

Sam Wo: das älteste Chinarestaurant der Stadt

sparksocialsf.com | Muni T Third Street | Mission Bay | 🕮 *R8*

56 TANGUITO

Hinter diesem Namen verbirgt sich ein Kleinod im Touristenmekka Fisherman's Wharf: ein argentinischer *food truck*, dessen gute Grillspeisen wie *pork ribs* dir neue Kraft für das Erklimmen der Hügel von San Francisco geben. *Tgl. | 2850 Jones Street | Tel. 1 415 5 77 42 23 | Muni F Market & Wharves | Fisherman's Wharf |* 🕮 *h1*

57 TORRAKU RAMEN ★

Okay, du kannst dich bei Marufuku oder Mensho Tokyo stundenlang anstellen – oder bei Torraku Ramen ohne großes Federlesen deine *ramen* ordern und genießen. Und das an sonnigen Tagen sogar im Freien. Tonkotsu? Shoyu? Miso? Alle drei schmecken klasse. Noch besser schmeckt's mit Pork Belly. Hey, du bist doch im Urlaub, oder nicht? *Mo–Sa | 300 De Haro Street | torrakuramen.square.site | Muni 19 Polk | Potrero Hill |* 🕮 *Q9*

58 TÚ LAN

Schnell und schmackhaft geht es in diesem vietnamesischen Restaurant zur Sache. Unbedingt die 17 wählen: *vermicelli* mit einer *imperial roll* und gegrilltem Schweinefleisch. *Mo–Fr | 8 6th Street | Tel. 1 415 6 26 09 27 | tulansf.blogspot.com | Muni F Market & Wharves | SoMa |* 🕮 *j4*

SHOPPEN & STÖBERN

Auch wenn Amazon, Target und Walmart den lokalen Händlern heftig Konkurrenz machen und es insbesondere nach der Corona-Pandemie selbst in bester Lage leere Schaufenster auf der Suche nach neuen Mietern gibt: Du kannst immer noch alles, was du brauchst, vor Ort einkaufen. Dabei achten die Stadtoberen glücklicherweise darauf, dass kleine Geschäfte nicht unter die Räder kommen, und bremsen den Wildwuchs landesweiter Ketten in San Francisco. Ausnahmen wie die Walgreens-Drogeriemärkte bestätigen dabei die Regel.

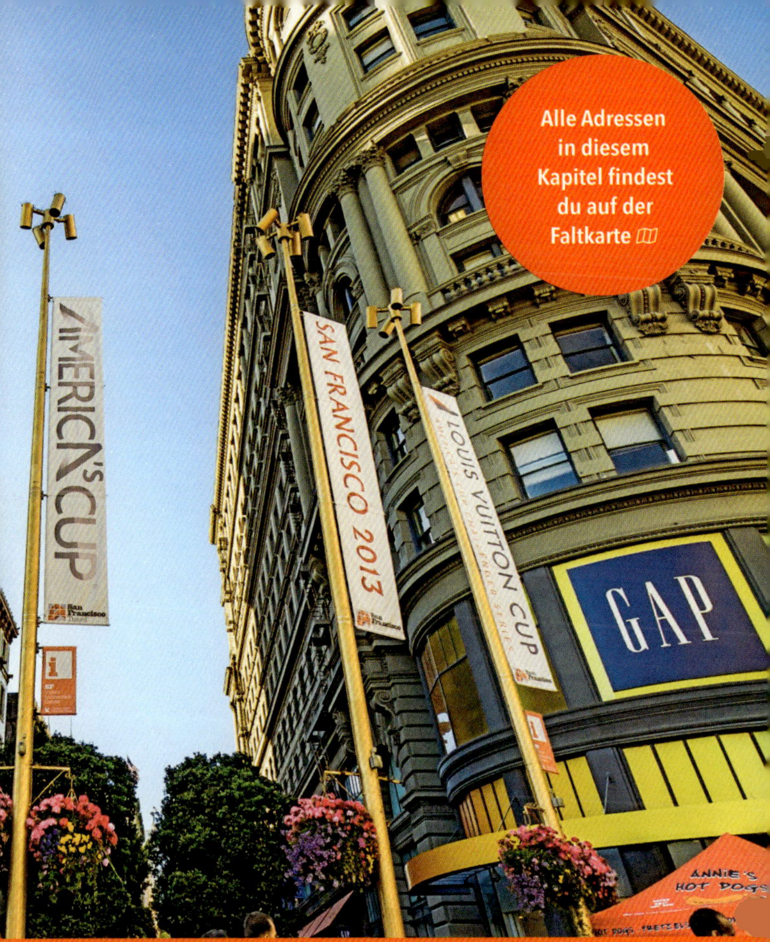

Alle Adressen in diesem Kapitel findest du auf der Faltkarte

Qual der Wahl beim Shopping in Downtown

Leider ist der Wechselkurs nicht mehr so günstig wie vor einigen Jahren, dafür ist die Auswahl bei Klamotten, Sneakers und Technikspielzeug deutlich größer als in deiner Stadt. Wenn du dann einen neuen Koffer brauchst: ab nach Chinatown, wo es auch die billigsten T-Shirts der Stadt und allerlei exotische Mitbringsel gibt.
Im Kaufrausch die derzeit 8,625 Prozent Mehrwertsteuer, die auf die ausgezeichneten Preise aufgeschlagen werden, nicht vergessen. Und die Tatsache, dass in den USA 110 statt 220 Volt aus der Steckdose kommen – achte gegebenenfalls auf Multinorm-Netzteile.

WO SAN FRANCISCO SHOPPT

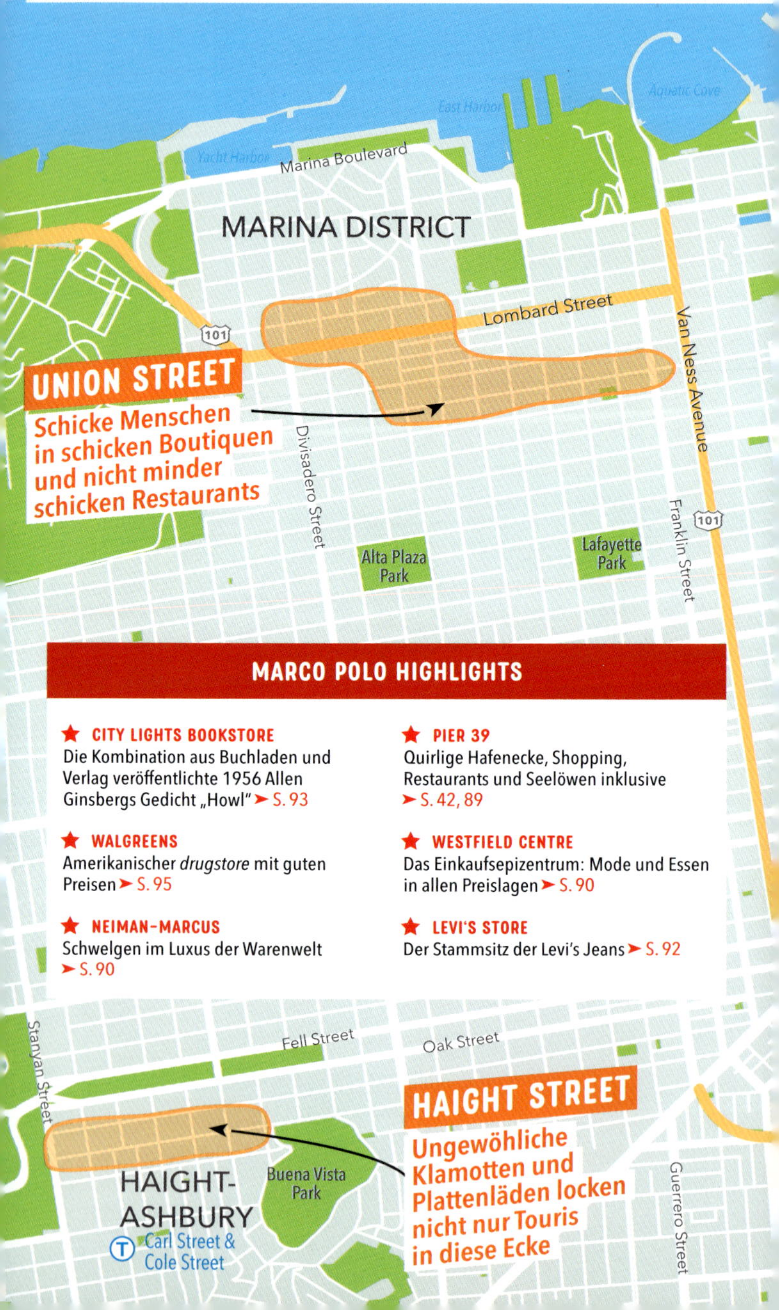

Aquatic Cove
East Harbor
Yacht Harbor
Marina Boulevard
MARINA DISTRICT
Lombard Street
101
Van Ness Avenue
UNION STREET
Schicke Menschen in schicken Boutiquen und nicht minder schicken Restaurants
Divisadero Street
Alta Plaza Park
Lafayette Park
Franklin Street
101
Stanyan Street
Fell Street
Oak Street
HAIGHT STREET
Ungewöhliche Klamotten und Plattenläden locken nicht nur Touris in diese Ecke
HAIGHT-ASHBURY
Buena Vista Park
T Carl Street & Cole Street
Guerrero Street

MARCO POLO HIGHLIGHTS

★ **CITY LIGHTS BOOKSTORE**
Die Kombination aus Buchladen und Verlag veröffentlichte 1956 Allen Ginsbergs Gedicht „Howl“ ➤ S. 93

★ **WALGREENS**
Amerikanischer *drugstore* mit guten Preisen ➤ S. 95

★ **NEIMAN-MARCUS**
Schwelgen im Luxus der Warenwelt ➤ S. 90

★ **PIER 39**
Quirlige Hafenecke, Shopping, Restaurants und Seelöwen inklusive ➤ S. 42, 89

★ **WESTFIELD CENTRE**
Das Einkaufsepizentrum: Mode und Essen in allen Preislagen ➤ S. 90

★ **LEVI'S STORE**
Der Stammsitz der Levi's Jeans ➤ S. 92

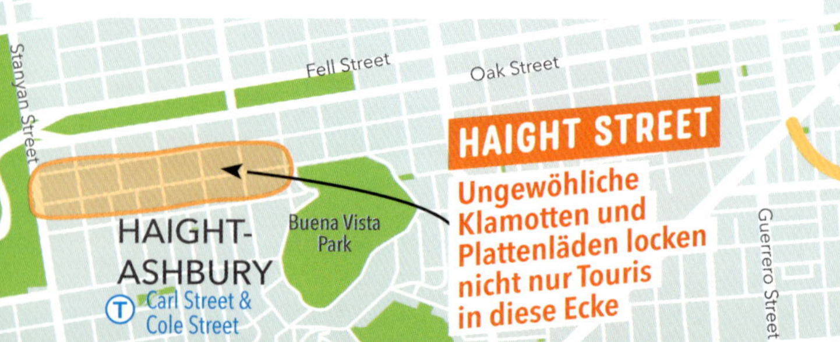

San Francisco Bay
Pier 39
Bay Street
NORTH BEACH
Columbus Avenue
The Embarcadero
City Lights Bookstore
CHINATOWN
Clay Street
Kearny Street
Montgomery Street
Sacramento Street
UNION SQUARE
Rund ums Zentrum tummeln sich High-End- und erschwingliche Läden
Powell Str & Bush St
Pine Street
Bush Street
80
Montgomery Street
Neiman-Marcus
Geary Street
Walgreens
Levi's Store
2nd Street
Westfield Centre
Powell Street
WESTFIELD MALL
Kaufrausch auch bei Regen: Hier gibt's alles, Kaufhaus und Kino inklusive
Turk Street
Folsom Street
Howard Street
Market Street
Mission Street
6th Street
Harrison Street
Bryant Street
King Street
China Basin
SOUTH OF MARKET
10th Street
7th Street
3rd Street
13th Street
101
280
16th Street
500 m
547 yd

Shopping ist Lebensart für die Amerikaner und damit mehr als bloßes Einkaufen. Das gilt in ganz besonderem Maß für die San Franciscans. Jene gelangweilten Mienen, mit der man in vielen europäischen Läden beim Einkauf bedacht wird – keine derartige Unhöflichkeit und auch kein Desinteresse gibt es in San Francisco. Denn dort wird ein Kunde als das behandelt, was er eigentlich auch sein sollte: als König. Und nicht nur an den Kassen der Lebensmittelgeschäfte packt man die Ware gleich in Tüten für dich ein.

Die meisten Geschäfte sind täglich geöffnet, manche *drugstores* und Supermärkte sogar 24 Stunden am Tag. In den großen *department stores*, mittelgroßen und kleinen Boutiquen kannst du meist von 10 bis 20 Uhr einkaufen.

MÄRKTE

1 FERRY PLAZA FARMER'S MARKET

Hier gibt es all die regionalen Produkte, die Kaliforniens Küche so großartig machen. Die Köche der besten Restaurants kaufen hier oft ein, einige unterhalten teils permanente Imbissstände mit einer Auswahl aus ihrem Programm. Der Hit: Burger und Tacos von *Gott's Roadside (tgl.)*, ursprünglich im Napa Valley beheimatet. *Sa 8–14, Di/Do 10–14 Uhr, saisonal auch zu anderen Zeiten | One Ferry Building | Muni F Market & Wharves | Embarcadero | k3*

INSIDER-TIPP
Essen bei Gott

WOHIN ZUERST?

Das **Westfield Centre** an der Market Street *(j4)* ist das Shoppingmekka schlechthin – mit über 100 Läden, Cafés, Restaurants und Multiplex-Kino. Fast alle Muni-Straßenbahnen, BART-Schnellbahnen des Stadtgebiets, zahlreiche Busse und die Cable Cars Powell/Hyde und Powell/Mason halten wenige Meter entfernt.

2 HEART OF THE CITY FARMER'S MARKET

Nicht so malerisch wie der Wochenmarkt am Ferry Building, dafür deutlich günstigere Obst- und Gemüsepreise bei großer Auswahl regionaler Produkte. *Mi 7–17.30, So 7–17 Uhr | United Nations Plaza | Muni F Market & Wharves | Tenderloin | h4*

MALLS

In diesen Malls, oft mit Kinos und Restaurants, gibt es meist ein bis zwei große Kaufhäuser und beinahe unendlich viele Boutiquen.

3 CROCKER GALLERIA

Für Shopper mit gut gefülltem Portemonnaie. Vorbild ist die Mailänder Galleria Vittorio Emanuele. *50 Post Street | Muni 2 Sutter | Financial District | j3*

4 EMBARCADERO CENTER

Im Herzen von Downtown mit über 40 Restaurants und Geschäften sowie Eislaufbahn im Winter. *1 Drumm Street | Muni 38 Geary | Embarcadero | k3*

Salate, Obst oder Gemüse – alles frisch auf dem Ferry Plaza Farmer's Market

5 GHIRARDELLI SQUARE

Aus der ehemaligen Schokoladenfabrik der Familie Ghirardelli ist eine Open-Air-Mall mit viel Entertainment geworden. *900 N Point Street | Muni 30 Stockton | Fisherman's Wharf | g1*

6 JAPAN CENTER

Besondere Note: Das Japan Center hält, was der Name verspricht – hier ist alles japanisch, auch das Hotel und das Shiatsu-Massagezentrum. *Buchanan Street/Ecke Post Street | Muni 38 Geary | Japantown | g4*

7 NEW PEOPLE

Die Attraktion in Japantown ist ein auffällig sauberes, vierstöckiges Einkaufszentrum mit Café, Anime-Kino, Escape-Room, Kunstgalerie und Shops. Der größte zelebriert hemmungslos mit Musik, Büchern, DVDs und Spielzeug die japanische Popkultur. Andere offerieren Schuhe, Gothic-, Lolita- und liebenswerte Kawaii-Kleidung. *1746 Post Street | Muni 38 Geary | Japantown | g4*

INSIDER-TIPP
Total kawaii

8 PIER 39 ★

Fischer meiden das touristische Epizentrum des Hafens von San Francisco eher. Jedoch nicht die Besucher, die wilde Seelöwen, ein Aquarium, ein Karussell, unzählige Boutiquen und Livemusik mögen. Neben den üblichen Kitschläden gibt es hier zahlreiche Restaurants und Cafés. *2 Beach Street | Muni F Market & Wharves | Fisherman's Wharf | j1*

9 WESTFIELD CENTRE ★ ☂

Über 100 kleine und große Geschäfte, Restaurants sowie Kinos blasen hier zum Großangriff auf die Kreditkarte. Eine Glaskuppel und Spiralrolltreppen schmücken den Kommerztempel, in dem du von Mode und Kosmetika über Bücher und Technik bis hin zu Lebensmitteln wirklich alles findest. Hier sollte keiner deiner Wünsche offenbleiben. *865 Market Street | Muni 30 Stockton | Downtown | 🗺 j4*

KAUFHÄUSER

10 CANTON BAZAAR

Drei Etagen voller Kitsch, Praktischem, Souvenirs und echter orientalischer Kunst im Herzen von Chinatown. *616 Grant Av. | Muni 30 Stockton | Chinatown | 🗺 j3*

11 MACY'S

Die hiesige Filiale des berühmten New Yorker Warenhauses, ein siebenstöckiger Inbegriff des Konsumrauschs, Dachrestaurant inklusive. Jede Marke besitzt hier einen eigenen Shop. Das Herrenhaus wurde inzwischen ins Haupthaus integriert, im Keller lauern Cafés mit Süßigkeiten und Smoothies. *170 O'Farrell Street | Muni 38 Geary | Union Square | 🗺 j4*

12 NEIMAN-MARCUS ★

Das elegante Warenhaus lohnt den Besuch auch ohne Einkauf. Die Rotunde und die glasüberdachte Galerie waren schon vor 100 Jahren der Blickfang des Vorgängergeschäfts „City of Paris". Nicht billig, aber der unbestritten beste Service der ganzen Stadt – in allen Abteilungen. *150 Stockton Street | Muni 30 Stockton | Union Square | 🗺 j3*

13 TARGET

Die Kaufhauskette lockt Kunden normalerweise in große Einkaufszentren auf der grünen Wiese. Nach zähem Ringen eröffnete dieser kleinere City-Target im *Metreon* – die San Franciscans freut's. Sauber sortiert: Bekleidung, Bücher, Campingbedarf, CDs, DVDs, Lebensmittel, Medikamente, Schuhe, Spielzeug und und und. Hier kannst du Stunden verbringen. *789 Mission Street | Muni 30 Stockton | SoMa | 🗺 j4*

GESCHENKE & SOUVENIRS

14 CHINATOWN KITE SHOP

Was gibt es Schöneres, als am Ocean Beach oder auf dem Crissy Field einen Drachen steigen zu lassen? Die beste Auswahl konventioneller und asiatischer Drachen bekommst du hier. *717 Grant Street | Muni 30 Stockton | Chinatown | 🗺 j3*

15 LOCAL TAKE

Gar nicht mal schlechte T-Shirts bekommst du bei California Smiles oder dem Corner Store am Fisherman's Wharf, keine Frage. Doch bei Local Take im Castro kaufen selbst Einheimische Geschenke und Souvenirs, die von über 130 ortsansässigen Künstlern und Designern hergestellt werden: Aufkleber,

INSIDER-TIPP
SF zum Mitnehmen

Pins, Taschen, Shirts, Pullover und vieles mehr. *4122 18th Street | Muni F Market & Wharves | Castro | 🕮 L10*

16 MICHAEL FINE ART

Alabasteruhren, Jadeskulpturen, Muranoglas – bei Michael Fine Art gibt es Kunst aus aller Welt. Die Gelegenheit, dein Wissen aus „Bares für Rares" einzusetzen. *400 Grant Av. | Muni 30 Stockton | Chinatown | 🕮 j3*

WEIN

17 NAPA VALLEY WINERY EXCHANGE

Wenn du es nicht nach Napa Valley schaffst ... Große Auswahl kalifornischer Weine und Champagner, auch seltene und ungewöhnliche Tropfen. Sie werden hier in tragbaren *airline packs* verstaut. *415 Taylor Street | Muni 38 Geary | Tenderloin | 🕮 j4*

MODE & ACCESSOIRES

18 AL'S ATTIRE

Al Ribaya und sein fähiges Team fertigen in diesem behaglich-schicken Geschäft im ständigen Dialog mit den Kundinnen und Kunden Hemden, Anzüge, Mäntel und Schuhe nach Maß an. Du kannst aber auch nach fertigen Produkten stöbern. *1300 Grant Av. | Muni 30 Stockton | North Beach | 🕮 j2*

19 GAP

Noch ein Original aus San Francisco: Don Fisher konnte keine Jeans finden, die ihm passten – also eröffnete er mit seiner Frau Doris 1969 seinen eigenen Laden namens Gap. Hier findet man entspannte Mode für alle Altersgruppen. *2159 Chestnut Street | Muni 30 Stockton | Marina | 🕮 L3*

Schon vor 100 Jahren Blickfang: das Glasdach im Kaufhaus Neiman-Marcus

20 LEVI'S STORE ★

Levi's tauschte den Union Square gegen die Market Street – etwas kleiner als bisher, doch noch immer prall gefüllt mit Jeans, erfunden vom Bayern Löb Strauß, der sie in seiner Firma Levi Strauss & Co. 1853 zum ersten Mal für Goldgräber in San Francisco herstellte. *815 Market Street | Muni 30 Stockton | Downtown | j4*

21 REI

Dorado für Wanderer, Kletterer, Skiläufer, Radfahrer und Camper. 23 Bergsteiger gründeten 1938 den ersten REI, heute ist die Kooperative, die Angestellten und Kunden gehört, über 150 Läden stark und mahnt zum bewussten Umgang mit der Natur. *840 Brannan Street | Muni 27 Bryant | SoMa | j5*

22 RICKSHAW BAGWORKS

Made in USA: Seit 2007 entstehen hier coole Rucksäcke, Hand- und Laptoptaschen aus über hundert Materialien, darunter recycelte Plastikwasserflaschen. Schau dir die Mustertaschen im Büro direkt neben der Fabrik an und ordere dann online. *Mo–Fr 10–17 Uhr 904 | 22nd Street | Muni KT Ingleside/ Third Street | Potrero Hill | R10*

INSIDER-TIPP
Made in San Francisco

23 ROSS DRESS FOR LESS

Wer sich dem Chaos von Ross Dress for Less erfolgreich stellt, wird mit echten Tiefpreisschnäppchen belohnt – das Geschäft bietet Marken wie Calvin Klein, Polo und Hilfiger zu Dumpingpreisen. *799 Market Street | Muni F Market & Wharves | Downtown | j4*

24 WILKES BASHFORD

SF-Fashion-Ikone Wilkes Bashford starb 2016 im Alter von 82 Jahren, doch er sicherte die Zukunft seines Edelmodehauses: Es wird von der Mit-

ABGEFAHRENE BUS-ZEITREISEN

Kinofans aufgepasst! Mit der *San Francisco Movie Tour ($ 67 | sanfranciscomovietours.com)* geht es zu den Originalschauplätzen von Filmen wie „Vertigo", „Mrs. Doubtfire", „Bullitt", „The Rock", „Star Trek 4" oder „Der Malteserfalke"! Und während der Fahrt seht ihr über 70 Ausschnitte aus diesen Streifen – einen besseren Vergleich zwischen San Francisco damals und heute gibt es kaum.

Deutlich privater als eine Doppeldecker-Stadtrundfahrt ist die *San Francisco Love Tour ($ 85 | sanfranciscolovetours.com)*. Hier nimmst du mit bis zu fünf anderen Besuchern in einem kunterbunten VW-Hippie-Bus aus dem Jahr 1972 Platz. Dann geht es zwei Stunden lang in sage und schreibe 15 Stadtteile – dort, wo große Busse oft nicht hinkommen. Dein Fahrer serviert währenddessen interessante Fakten und Geschichten – und hält an der Golden Gate Bridge und an einem Ausblick auf die Skyline der Stadt, damit du Fotos schießen kannst.

City Lights Bookstore: zugleich Buchhandlung und weltbekannter Literatentreff

chell-Familie weitergeführt, die ebenso schicke Geschäfte an der Ostküste besitzt. *375 Sutter Street | Muni 30 Stockton | Union Square | 🕮 j3*

BÜCHER & MAGAZINE

25 CHRONICLE BOOKS

Chronicle Books verlegt mit Liebe gemachte Bücher zu vielen Themen, die sich auch gut verschenken lassen – wenn du dich von ihnen trennen kannst. *680 2nd Street | Muni N Judah | South Beach | 🕮 l4*

26 CITY LIGHTS BOOKSTORE ★

Die Buchhandlung des Autors und unabhängigen Verlegers Lawrence Ferlinghetti ist legendär. Eine einzigartige Auswahl an klassischen und philosophischen Werken, Poesie und signierten Ausgaben. Ferlinghetti trug im *Poetry Room* im 1. Stock auch mit über 100 Jahren noch Gedichte vor. *261 Columbus Av. | citylights.com | Muni 30 Stockton | North Beach | 🕮 j2*

27 GREEN APPLE BOOKS

Dieser Buchladen versteckt sich in der westlichen Chinatown um die Clement Street. Breite Auswahl neuer und gebrauchter Bücher. Das entspannte Ambiente lädt zum stundenlangen Stöbern ein. *506 Clement Street | Muni 38 Geary | Inner Richmond | 🕮 G6*

INSIDER-TIPP Lesepause im Westen

28 MISSION: COMICS AND ART

Leef Smith hängte seine Karriere als Softwareentwickler an den Haken und eröffnete einen Comicladen. Dass *Mission: Comics and Art* seit bald 15 Jahren existiert, heißt in San Francisco schon etwas. Comics, Figuren, Ausstellungen lokaler Künstler – und Sofas, auf denen man gemütlich schmökern kann. *2250 Mission Street* | *Muni 14 Mission* | *Mission* | *N10*

29 SMOKE SIGNALS

So eine große Auswahl an Magazinen gibt es sonst nur an Flughäfen. Hier musst du hin, du liest ja auch einen gedruckten Reiseführer. *2223 Polk Street* | *Muni 19 Polk* | *Russian Hill* | *h2*

COMPUTER & BÜROBEDARF

30 APPLE STORE

Der spektakuläre Neubau des größten Apple Stores der Stadt ist aufsehenerregender als vieles, was die Firma aus Cupertino in den letzten Jahren auf den Markt brachte. *300 Post Street* | *Muni 38 Geary* | *Union Square* | *j3*

31 CENTRAL COMPUTERS

Im leicht nach Lötzinn riechenden Shop bekommst du selbstverständlich auch günstige Speicherkarten für die Digitalkamera. *837 Howard Street* | *Muni 30 Stockton* | *SoMa* | *j4*

32 PATRICK & COMPANY

Einer der wenigen familiengeführten Bürobedarfhändler der Stadt – und das seit 1873! Von der Heftzwecke über den Designerstuhl bis zur Edelfeder bleibt kein Wunsch offen. *560 Market Street* | *Muni F Market & Wharves* | *Downtown* | *k3*

MUSIK

33 AMOEBA MUSIC

Zweiter Ableger des 1990 in Berkeley gegründeten Plattenladens, untergebracht in einem ehemaligen Bowlingcenter: neue und gebrauchte CDs, Blu-rays, DVDs, Laserdiscs (!) und Schallplatten in unglaublichen Massen, dazu kostenlose Konzerte lokaler Shootingstars von morgen. *1855 Haight Street* | *Muni 6 Haight/Parnassus, 7 Haight/Noriega* | *Haight-Ashbury* | *J8*

34 GROOVE MERCHANT RECORDS

Eine Fundgrube: seltene Jazz-, Disko-, Soul-, Reggae-, Hip-Hop- und Latin-Scheiben, die es nirgendwo sonst gibt. Die Beastie Boys verewigten den Laden im Song „Professor Booty". *687 Haight Street* | *Muni 6 Haight/Parnassus, 7 Haight/Noriega* | *Haight-Ashbury* | *L8*

INSIDER-TIPP
Hier kaufen Profi-Rapper

35 GUITAR CENTER

Ein riesiger Laden mit nahezu allen elektrisch oder elektronisch verstärkten Instrumenten, Mikros, Mischpulten & Co. *1645 Van Ness Av.* | *Muni 1 California* | *Nob Hill* | *h3*

KOSMETIK & BIO

36 BOBBI BROWN COSMETICS AT BLOOMINGDALE'S

Statt auf den künstlichen Look vieler Make-ups setzt die New Yorkerin Bobbi Brown auf sehr natürliches Aussehen. Der Erfolg der noch heute von ihr streng kontrollierten Kosmetikserie gibt ihr recht. Unaufdringliche Verkäuferinnen. *845 Market Street* | *Muni 30 Stockton* | *Downtown* | *j4*

Bei Walgreens ist das Angebot riesig: Drogeriebedarf und vieles mehr

37 RAINBOW GROCERY

Hier gibt's nur Bioprodukte und -kosmetika. Wer nach gesunden Lebensmitteln, Vitaminen und Co. sucht, findet in diesem Geschäft einfach alles. *1745 Folsom Street | Muni 9 San Bruno | Mission | 🕮 O8*

38 WALGREENS ★

Der Walgreens-Flagship-Store ist der schönste der firmeneigenen 45 Drogeriemärkte der Stadt. Auf drei Etagen: frische Lebensmittel, Kosmetika, Medikamente. *135 Powell Street | Muni 38 Geary | Union Square | 🕮 j4*

39 WHOLE FOODS

Glutenfreie, nicht genmanipulierte Lebensmittel und umweltverträgliche Körperpflegemittel – Whole Foods setzt auf eine nachhaltige Produktpalette. *1765 California Street | Muni 1 California | Pacific Heights | 🕮 g3*

SPIELE & SPIELZEUG

40 GAMESCAPE

Hier hat das Handy endlich mal Pause: Bei Gamescape gibt's mehr (Brett-)Spiele aus aller Welt, als die Polizei erlaubt. Tägliche Sessions von Table-Top-Titeln wie *Warhammer* und *Magic: The Gathering*. *333 Divisadero | Muni 7 Haight/Noriega | Lower Haight | 🕮 L8*

41 JEFFREY'S TOYS

Der älteste Spielzeugladen der Stadt lässt sich nicht unterkriegen: Miethaie vertrieben den 1966 eröffneten Laden von der Market Street, hier hat er eine neue Heimat gefunden. Und mit ihm Unmengen von Puzzles, Brettspiele, Comics, Modellen, Stofftieren und und und. *45 Kearney Street | Muni 38 Geary | Union Square | 🕮 j3*

AUSGEHEN & FEIERN

Wenn abends die Google-Busse die Tech-Gemeinde aus dem Silicon Valley zurück nach San Francisco bringt, wird es voll in den Restaurants, Bars und Clubs. Dabei feiert es sich hier gar nicht so lange: Schon um 1.30 Uhr heißt es *last call,* 15 Minuten später nehmen die Barkeeper einem den bestellten Drink aus der Hand, bevor um 2 Uhr die Lichter ausgehen. Aber es gibt natürlich noch andere Aktivitäten wie Theater, Oper, Musical, Symphonie, Stand-up-Comedy, Kino, Museen und vieles mehr. Livemusik natürlich auch, wobei das Schlie-

Alle Adressen in diesem Kapitel findest du auf der Faltkarte

Beatnik-Atmosphäre mit 50ies-Charme im Vesuvio Café

ßen vieler kleiner Bühnen leider dazu geführt hat, dass sich die Konzerte auf große Namen statt auf *Open-Mic*-Abende konzentrieren.

Bei aller Lockerheit Kaliforniens wird beim Ausgehen Wert aufs Äußere gelegt – das gute Hemd, die löcherfreie Hose, die dunklen Schuhe und eventuell ein Jackett daher nicht vergessen, damit der Türsteher dich nicht wieder nach Hause schickt. Tagesaktuelle Infos zu den besten Events findest du übrigens auf *datebook.sfchronicle.com* und *sfstation.com.*

WO SAN FRANCISCO AUSGEHT

MARCO POLO HIGHLIGHTS

★ **TOMMY'S MEXICAN RESTAURANT**
Genießt den Ruf der besten Tequilabar der Welt ➤ S. 101

★ **COBB'S COMEDY CLUB**
Komödiantisches Tag-Teaming lokaler und internationaler Wortkünstler ➤ S. 102

★ **CASTRO THEATRE**
Großartiger Filmpalast mit Orchester und Orgel für Stummfilme ➤ S. 105

★ **CAFÉ DU NORD**
Ein steter Strom neuer Bands spielt im kultigen Kellerclub mit langer Geschichte ➤ S. 103

★ **FEINSTEIN'S AT THE NIKKO**
Hollywood- und Broadwaystars, aber auch lokale Größen ➤ S. 104

★ **ALAMO DRAFT HOUSE**
Kinoabend mit Burger und Bier – und ohne Babygeschrei ➤ S. 105

San Francisco Bay
NORTH BEACH
Vor einem Café sitzen und die Leute beobachten – herrlich!
NORTH BEACH
The Embarcadero & Bay Street
Bay Street
Cobb's Comedy Club
Columbus Avenue
The Embarcadero
Broadway
The Embarcadero & Broadway
The Embarcadero & Washington Street
The Embarcadero & Ferry Building
CHINATOWN
California St & Montgomery St
Battery Street
Embarcadero
Montgomery Street
DOWNTOWN
Happy-Hour-Drinks nach der Arbeit – welche Bar darf's sein?
Pine Street
Bush Street
Geary Street
O'Farrell Street
Feinstein's at the Nikko
Powell Street
Harrison Street
Turk Street
Folsom Street
80
2nd Street
Van Ness Avenue
Civic Center
SOUTH OF MARKET
Bryant Street
King Street
China Basin
Mission Street
Howard Street
10th Street
7th Street
101
13th Street
280
16th Street
MISSION DISTRICT
Hipster bevölkern Clubs und Bars, die mit mexikanischen Restaurants konkurrieren
16th Street Mission
Mission Street
MISSION DISTRICT
3rd Street
Potrero Avenue
Alamo Drafthouse
101
24th Street Mission
500 m
547 yd
Cesar Chavez Street

BARS & LOUNGES

1 ABSINTHE
Orchestermusiker, Sinfoniegäste und Bonvivants lassen sich bei gutem Essen Absinth-Cocktails schmecken – auch in den USA inzwischen wieder legal. *Mi–So | 398 Hayes Street | Muni 21 Hayes | Hayes Valley | 🕮 h5*

2 THE ALEMBIC
Hier gibt's mehr Cocktails und Whiskeysorten im Angebot, als man an einem Abend probieren kann. Einen Versuch wert: eine *Gilded Lily. Mi–So | 1725 Haight Street | Muni 7 Haight/Noriega | Haight-Ashbury | 🕮 J8*

3 BEACH CHALET & PARK CHALET
Genug von der steifen Brise am Ocean Beach? Zeit für Happy Hour und Livemusik im Beach Chalet oder einen Drink auf den windgeschützten Liegestühlen des Park Chalet am Westrand des Golden Gate Park. *Tgl. | 1000 Great Highway | beachchalet.com | Muni 5 Fulton | Ocean Beach | 🕮 A8*

WOHIN ZUERST?

Einen Strand suchst du im Stadtviertel **North Beach** *(🕮 j1–2)* zwar vergeblich, doch zwischen Down- und Chinatown brodelt das Nachtleben: Aus Bars erschallt Livemusik, italienische Restaurantbesitzer preisen lautstark ihre Lokale an, und Kunstfans flanieren mit dem Weinglas in der Hand durch Galerien. Der Muni-Bus *(30 Stockton)* bringt dich mitten ins Geschehen – das Auto lässt du nicht nur wegen etwaiger alkoholischer Getränke stehen: Die Parkplatzsuche ist hier ein aussichtsloses Unterfangen.

4 THE BIG 4
Wer die dunklen Holzschwingtüren passiert, fühlt sich 100 Jahre in der Zeit zurückversetzt. Gediegene Klaviermusik, dunkel getäfelte Wände, aufmerksame Barkeeper. Ein Schild an der Wand sagt an, dass Mobiltelefone verboten sind – herrlich! *Tgl. | 1075 California Street | Cable Car Powell/Hyde | Nob Hill | 🕮 j3*

INSIDER-TIPP **Zeitreise ins 20. Jh.**

5 EMPORIUM SF
Live-DJs, Bier von lokalen Brauereien, große Whiskey- und Cocktailauswahl. Doch was macht das Emporium SF so besonders? Dutzende von Videospielautomaten, Flipper, Billard- und Air-Hockey-Tische, an denen man sein Date beeindrucken kann. Und die mit 25 Cent bis $ 1 arg erschwinglich sind. *Tgl. | 616 Divisadero Street | emporiumsf.com | Muni 21 Hayes | Northern Panhandle | 🕮 L7*

INSIDER-TIPP **Trinken und Spielen**

6 GRANT & GRANT SALOON
In einer *dive bar* wie dieser zählen starke, günstige Drinks – das Ambiente ist eher sekundär. Tolle Happy Hour: bis 20 Uhr für einen Drink zahlen und zwei bekommen. *Tgl. | 1371 Grant Av. | grantandgreensaloon.com | Muni 30 Stockton | Chinatown | 🕮 j2*

Nur durch North Beach zu cruisen bringt's nicht – also stoppen und hinein ins Nachtleben

7 HOTEL UTAH SALOON

Der Geräuschkulisse des nahen Freeways trotzen die Indie-Bands im Utah mit Leichtigkeit. Montags darf man sich beim Open-Mic-Abend nach Bier und Burger selbst auf die Bühne wagen. *Tgl. | 500 4th Street | hotelutah.com | Muni 8 Bayshore | SoMa | k4*

8 JONES

An den eher seltenen warmen Tagen in der Stadt ist die Dachterrassenbar ein Hit. Wunderschön, wie die Sonne hinter den Häusern abtaucht. *Di–So | 620 Jones Street | Muni 38 Geary | Tenderloin | h3–4*

9 ORBIT ROOM

Starke Drinks und leckere Pizza im 1920er-Ambiente – was braucht es mehr für einen prächtigen Abend? *Tgl. | 1900 Market Street | Muni F Market & Wharves | Lower Haight | M8*

10 PRESS CLUB

Wer kein Bier und keine Cocktails mehr sehen kann, trinkt hier stilvoll ein Glas Wein – oder gleich mehrere, denn die Auswahl ist groß. Freitags und samstags legt ein DJ auf. *Mo–Sa | 20 Yerba Buena Lane | pressclubsf.com | Muni 8 Bayshore | SoMa | j4*

11 SPECS

Kultiger Geheimtipp in North Beach: Inmitten von Seefahrtsrelikten genehmigen sich nicht nur Stammkunden starke Getränke. *Tgl. | 12 William Saroyan Place | Muni 45 Union/Stockton | North Beach | j2*

12 TOMMY'S MEXICAN RESTAURANT ★

„Mixology", das österreichische Magazin für Barkultur, preist Tommy's als weltweit beste Tequilabar. Dazu gibt's hervorragendes mexikanisches Essen –

der Weg in den Westen der Stadt lohnt sich! *Mi–So | 5929 Geary Blvd. | tommystequila.com | Muni 38 Geary | Central Richmond | E6*

13 TONGA ROOM

Wo einst Ronald Reagan kraulte, treibt heute eine Kapelle auf einem Boot. Um dich herum tobt im Halbstundentakt ein (künstliches) Gewitter. Legendäre Tiki-Bar mit famosen Rumcocktails – manche davon für drei bis vier Personen. *Mi–Sa | 950 Mason Street | Cable Car Powell/Hyde | Nob Hill | j3*

INSIDER-TIPP
Rum bis zum Rumkugeln

14 TOP OF THE MARK

Die Nostalgielounge nicht nur für ältere Einheimische und Besucher – mit Panoramafenstern auf allen Seiten. *Tgl. | 1 Nob Hill | Cable Car Powell/Hyde | Nob Hill | j3*

15 TWENTY FIVE LUSK

Wärm dich nach einem windigen Tag mit einem Happy-Hour-Drink an den futuristisch-schwebenden Stahlöfen auf oder iss einen Happen im Obergeschoss, wie es schon Barack Obama tat. *Mo–Sa | 25 Lusk Street | Muni 30 Stockton | SoMa | k5*

16 VESUVIO CAFÉ

In dieser legendären Café-Bar kann man in der ebenso berühmten wie echten Atmosphäre der 1950er-Jahre in der Erinnerung an Jack Kerouac und die Beatniks schwelgen. Ortsansässige Künstler und Musiker stellen hier ihre Werke vor. *Tgl. | 255 Columbus Av. | vesuvio.com | Muni 45 Union/Stockton | North Beach | j2*

COMEDY CLUBS

17 CHEAPER THAN THERAPY

Ein Mix aus ortsansässigen und Gast-Comedians versucht in jeder Vorstellung, die Kollegen an Gag-Dichte zu übertreffen. Nur Bar, kein Restaurant, also besser vorher etwas essen. *Mi–So | 533 Sutter Street | Tel. 1415 5068474 | cttcomedy.com | Muni 2 Sutter | Union Square | j3*

18 COBB'S COMEDY CLUB ★

Seit 1982 geben in North Beach nicht nur Komiker, sondern auch ganze Gruppen ihre Sprüche zum Besten – mit 400 Sitzplätzen pro Show schauen hier auch Größen wie Dave Chappelle und Michael Rapaport vorbei. Zwei Getränke pro Person sind Pflicht. *Di–So | ab $ 20,25 plus zwei Getränke | 915 Columbus Av. | Tel. 1415 9284320 | cobbscomedy.com | Muni 30 Stockton | North Beach | h2*

DISKOS & NACHTCLUBS

19 KNOCKOUT

Dive bar mit wilder Tanzfläche und musikalischen Themenabenden wie Funk, Soul und Oldies. *Tgl. | 3223 Mission Street | Tel. 1415 5506994 | theknockoutsf.com | Muni 14 Mission | Mission | N12*

20 BIMBO'S 365 CLUB

Seit 1931 ist Bimbo's eine bekannte Größe in der Clubszene. Funk, Jazz und Electronica: Hier spielen die besten Musiker aus der Bay Area. Karten vorbestellen! *Wechselnde Zeiten und Preise | 1025 Columbus Av. | Tel. 1 415 474 03 65 | bimbos365club.com | Muni 30 Stockton | North Beach | ◫ h2*

21 BOOM BOOM ROOM

Blueslegende John Lee Hooker stieg 1997 als stiller Teilhaber in den Club ein, der den Namen eines seiner Hits trägt. Auch nach Hookers Tod eine angesagte Adresse für Blues, Funk und Soul. *Di–So | 1601 Fillmore Street | Tel. 1 415 673 80 67 | boomboomblues.com | Muni 38 Geary | Fillmore | ◫ g4*

22 CAFÉ DU NORD ★

In dem schon 1907 eingeweihten Nachtclub gab's während der Prohibition illegalen Alkoholausschank – davon kündet die 13 m lange Mahagonibar. Alternative, Folk- und Rockmusik. *Tgl. | geringer Eintritt | 2174 Market Street | Tel. 1 415 471 29 69 | cafedunord.com | Muni F Market & Wharves | Lower Haight | ◫ M9*

23 CIGAR BAR & GRILL

Tanzfläche direkt vor wechselnden Latin-Bands und Billard unter freiem Himmel – hier geht die Post ab. Rauchen ausdrücklich erlaubt. *Mi–Sa | 850 Montgomery Street | Tel. 1 415 398 08 50 | cigarbarandgrill.com | Muni 12 Folsom/Pacific | North Beach | ◫ j2*

24 DNA LOUNGE

Der ehemalige Netscape-Programmierer Jamie Zawinski ist heute Nachtclubchef. *DNA Pizza* gleich ne-

Das 360-Grad-Panorama im 19. Stock toppt jeden Drink: Top of The Mark

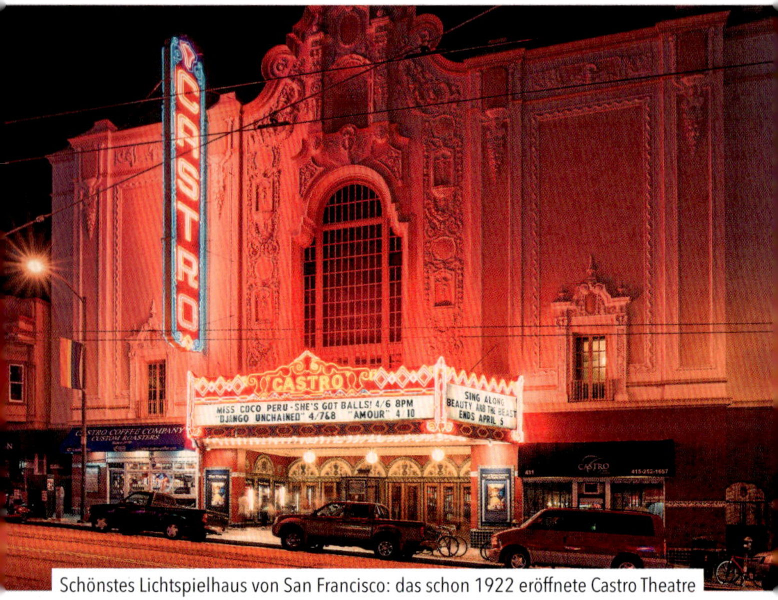

Schönstes Lichtspielhaus von San Francisco: das schon 1922 eröffnete Castro Theatre

benan, bunt-schickes Publikum, zu Themennächten kommen die schrägsten Typen der Stadt. *Tgl. | 375 11th Street | Tel. 1415 6 26 14 09 | dnaloun ge.com | Muni 27 Bryant | SoMa | h–j5*

25 FEINSTEIN'S AT THE NIKKO ★

Schicker, intimer Club, in dem Hollywood- und Broadwaygrößen, aber auch Lokalhelden auftreten.

INSIDER-TIPP
Guter Blick von überall

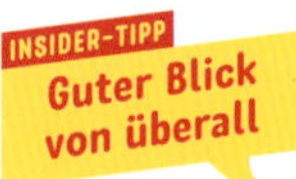

Hier gibt es keinen schlechten Sitzplatz – man hat von überall einen perfekten Blick auf die Bühne. $ 20 Verzehrpflicht, die man erfahrungsgemäß am besten in Drinks anlegt. *Mi–So | 220 Mason Street | Tel. 1415 3 94 11 11 | fein steinssf.com | Cable Car PH Powell/ Hyde | Union Square | j4*

26 THE CHAPEL

The Chapel residiert in einer Grabkirche aus dem Jahr 1914 – die gut 12 m hohe Decke des Clubs erinnert noch daran. Heute geht es hier dank eines eklektischen Konzertprogramms deutlich lauter als vor einem Jahrhundert zu. In einem Nebenraum residiert die *Bar Curio* und bietet Speis und – auf Wunsch hochprozentigen – Trank an. *777 Valencia Street | Tel. 1415 5 51 51 57 | thechapelsf.com | Muni 14 Mission | Mission | N10*

27 GREAT AMERICAN MUSIC HALL

Seit 1907 ein erstklassiger Ort für Livemusik in San Francisco. Top-Acts und Top-Soundsystem in historischem Ambiente. Und ganz nebenbei: Am Ausgang gibt's Äpfel. *Mi–Fr | 859 O'Farrell*

Street | Tel. 4158850750 | gamh.com | Muni 38 Geary | Tenderloin | h4

28 THE INDEPENDENT

Seit über 50 Jahren wird hier Musik gemacht, seit 2004 unter dem Namen The Independent. Auf der Bühne stehen lokale und internationale Aufsteiger und Top-Acts wie DJ Shadow, Erasure und Henry Rollins. Gutes Soundsystem, fähige Barkeeper und entspannte Türsteher. *Wechselnde Zeiten und Preise | 628 Divisadero Street | Tel. 1415 7711421 | theindependentsf.com | Muni 21 Hayes | Northern Panhandle | L7*

29 LION'S DEN BAR AND LOUNGE

INSIDER-TIPP
Chillen in Chinatown

Entspannt-versteckte Bar, die mit Livemusik, DJ und Lounge-Ambiente den Chinatown-Glamour der 1940er aufleben lässt. Wie ein privater Club – aber ohne Mitgliedsgebühren. *Do–Sa | 57 Wentworth Place | Tel. 1628 2014272 | lionsdenbarandlounge.com | Muni T Third Street | Chinatown | j2*

KINOS

30 CASTRO THEATRE ★

In diesem herrlichen Filmpalast mit 1500 Sitzen und einer zeltähnlichen Kuppel samt Trompe-l'œil-Malerei sind Kinoklassiker, aber auch Events wie *sing alongs* zu Musikfilmen wie Bohemian Rhapsody zu sehen. Stummfilme werden teils vom Kinoorchester oder live gespielter Orgelmusik begleitet. *429 Castro Street | Tel. 1415 6216120 | castrotheatre.com | Muni F Market & Wharves | Castro | L9*

31 ALAMO DRAFTHOUSE ★

In Texas war das Alamo Drafthouse ein Hit. Wo sonst bekommen Filmfans Speis und (alkoholischen) Trank direkt an den Kinosessel gebracht? Weil hier Alkohol ausgeschenkt wird, müssen Kinder draußen bleiben, die in den USA sonst selbst in Filmen ab 18 krakeelen. *Tgl. | 2250 Mission Street | Tel. 1415 5495959 | drafthouse.com/sf | Muni 14 Mission | Mission | N10*

32 BALBOA THEATRE

Erbaut im Jahr 1926 trotzt dieses Kino hartnäckig allen Multiplex-Palästen. Klassiker und aktuelle Filme, günstiger Eintritt und leckeres Popcorn. *Tgl. | 3630 Balboa Street | Tel. 1415 2218184 | balboamovies.com | Muni 38 Geary | Outer Richmond | C7*

KLASSIK & BALLETT

33 POCKET OPERA

Von März bis Juli führt die Pocket Opera bekannte Opern mit gerade mal fünf bis zehn Musikern auf – in San Francisco im *Palace of the Legion of Honor* (s. S. 34). *469 Bryant Street | Tel. 1415 9728934 | pocketopera.org | Muni T Third Street | South Park | k4*

34 SAN FRANCISCO OPERA

Die Saison beginnt im September und dauert nur 14 Wochen, daher ist das Haus mit Weltniveau meist ausgebucht. Januar bis Mai folgt die ebenfalls frühzeitig zu buchende Ballettsaison. *War Memorial Opera House | 301 Van Ness Av. | Tel. 1415 8643330 | sfopera.com | Muni 21 Hayes | Civic Center | h5*

35 SAN FRANCISCO SYMPHONY

Das preisgekrönte Sinfonieorchester wird seit 2020 von Esa-Pekka Salonen dirigiert, der zuvor in Los Angeles und London wirkte. Sein Schwerpunkt: Musik des 20. und 21. Jhs. sowie eigene Kompositionen. Beliebt sind auch die günstigen offenen Proben am Vor- und die Konzerte am Nachmittag. *Davis Symphony Hall | 201 Van Ness Av. | Tel. 1415 8646000 | sfsymphony.org | Muni 21 Hayes | Civic Center | h5*

36 YOUNG PERFORMANCERS THEATER

Seid ihr mit Kindern unterwegs, die etwas Englisch sprechen? Wie wäre es dann mit einem Besuch im Kindertheater? Das Theater produziert etwa acht Stücke pro Jahr, darunter Klassiker wie „Aschenputtel" und „Charlie und die Schokoladenfabrik". *Eintritt $ 15 | Fort Mason Center/Building D, 2. Stock | Tel. 1415 3465550 | ypt.org | Muni 30 Stockton | Marina | g1*

MUSICALS & JAZZKONZERTE

37 GATEWAY THEATRE

Großartige Musicals wie „Once", „Sister Act" und „Fiorello!" begeistern in intimer Atmosphäre in diesem versteckt-gemütlichen Haus. *215 Jackson Street | Tel. 1415 2558207 | 42ndstmoon.org/gateway-theatre | Muni 2 Sutter | Embarcadero | k2*

38 GOLDEN GATE THEATRE

Die großen Musicals („Rent", „Hamilton", „My Fair Lady"), präsentiert in einem grandiosen Haus aus dem Jahr 1922 – beziehungsweise zwei Blöcke oder keine fünf Minuten entfernt im 1926 eröffneten *Orpheum Theatre (1192 Market Street)* des selben Besitzers. *1 Taylor Street | Tel. 1888 7461799 | broadwaysf.com | Muni F Market & Wharves | Downtown | j4*

39 SFJAZZ CENTER

Zum 30. Geburtstag bekam das renommierte Musikfestival endlich ein eigenes Hauptquartier geschenkt: Mark Cavagnero entwarf das erste speziell für Jazzmusik konzipierte Kulturzentrum der USA. Seit 2013 werden hier Topkonzerte und -vorträge

von der Non-Profit-Organisation veranstaltet. *201 Franklin Street | Tel. 1 866 9 20 52 99 | sfjazz.org | Muni 21 Hayes | Hayes Valley | 🕮 h5*

THEATER

40 CURRAN THEATRE

2017 wurde es nach Grundrenovierung wieder eröffnet. Das Curran ist ein Theatre von 1922, von dessen 1600 Sitzen du einen perfekten Blick auf populäre Theaterstücke wie „Harry Potter and the Cursed Child" hast. *445 Geary Street | Tel. 1 415 3 58 12 20 | sfcurran.com | Muni 38 Geary | Union Square | 🕮 j4*

41 AMERICAN CONSERVATORY THEATRE

Seit 1965 servierte das nichtkommerzielle Konservatoriumstheater den Besuchern über 320 Produktionen. Zu den jährlich 3000 Studenten, die hier auch eine Schauspielschule besuchen können, gehörten schon die bekannten Schauspieler Annette Benning und Denzel Washington. Im eigenen, 1040 Sitze großen *Geary Theater* gibt's klassisches und modernes Theater. *415 Geary Street | Tel. 1 415 7 49 22 28 | act-sf.org | Muni 38 Geary | Union Square | 🕮 j4*

42 MAGIC THEATRE

Das Magic Theatre setzt voll auf moderne Autoren: 19 Weltpremieren gab es allein in den letzten zehn Jahren. Zu komplett neuen Stücken kommen moderne Adaptionen wie „Oedipus El Rey", das die klassische Ödipus-Geschichte in ein mexikanisches Gefängnis verlegt. *Building D, 2. Stock | Fort Mason | Tel. 1 415 4 41 88 22 | magictheatre.org | Muni 30 Stockton | Marina | 🕮 g1*

San Francisco Symphony: seit 1911 eines der besten Orchester der USA

AKTIV & ENTSPANNT

Gute Gegend für einen Lauf – Joggerin im Financial District

SPORT, SPASS & WELLNESS

Die Bay Area ist mit ihren Grünanlagen, dem Meer und vielen Sportveranstaltungen eine der aktivsten Ecken der USA. Andererseits verbringen Autofahrer hier 97 Stunden pro Jahr im Stau. Daher haben San Franciscos Stadtplaner das Ziel, dass jeder Einwohner nach zehn Minuten Fußweg in einem Park stehen soll.

LAUFEN

Nach dem Shopping oder dem Museumsbesuch die Laufschuhe angezogen und beispielsweise die Hügel von *Potrero Hill* rauf- und runtergejoggt – von der *De Haro Street (Muni 19 Polk | Q9–11)* gibt's herrliche Ausblicke auf die Innenstadt.

SCHWIMMEN

Alle Stadtstrände sind ganzjährig geöffnet, und der *South End Rowing Club (serc.com | Muni F Market & Wharves)* veranstaltet ein jährliches 2000-m-Schwimmen von Alcatraz zum Aquatic Park, von dem du deinen Freunden noch lange erzählen wirst.

BALLSPORT & BOWLING

Wenn du lieber Sport gemeinsam mit anderen machst: Im *Golden Gate Park (Muni 5 Fulton | A–H 8–9)* freuen sich Fuß- und Volleyballer, Boccia-Experten und Frisbee-Golfer immer auf neue Mitspieler.

INSIDER-TIPP
Einfach mitmachen

Das ganze Jahr kannst du dich auch bei schlechtem Wetter in der überdachten Eishalle und Bowlinganlage *Yerba Buena Ice Skating & Bowling Center (skatebowl.com | Muni 30 Stockton | k4)* sportlich betätigen.

ENTSPANNEN IM SPA

Du willst dich mal richtig verwöhnen lassen? Kein Problem: Die ausgebildeten Experten von *La Biang Thai (tgl. |*

In Reih und Glied: Kitesurfer in der San Francisco Bay

1301 Polk Street | Tel. 1 415 9 31 76 92 | labiangthai.com | Muni 19 Polk | 🗺 h3) freuen sich auf müde Muskeln und bringen Körper wie Geist in Schwung. *Earthbody (tgl. | 534 Laguna Street | Tel. 1 415 5 52 72 00 | earth body.net | Muni 21 Hayes | 🗺 g5)* bietet sogar eine *heated neck therapy* und *hot stone foot healing* an. Und das *Nob Hill Spa (1075 California Street | Tel. 1 415 3 45 28 88 | nobhill spa.com | Cable Car California | 🗺 j3)* im Huntington Hotel punktet mit Pool und traumhaftem Bademantelausblick von der Dachterrasse.

FOOTBALL, BASEBALL & BASKETBALL

Für den, der nur zusehen will, wie andere schwitzen, gibt es gleich drei Profiteams im Einzugsbereich der Stadt. Die Baseballer der *San Francisco Giants (sfgiants.com)* sind nach über 50-jähriger Durststrecke wieder obenauf – und die Titelgewinner der World Series 2010, 2012 und 2014. Die Footballstars der *San Francisco 49ers (sf49ers.com)* zog es in den Süden: Sie kämpfen seit 2014 im Levi's Stadium in Santa Clara in einer rundenbasierten Mischung aus Strategie und Action um den Pokal. Erfolgreicher – und populärer – sind die *Golden State Warriors (nba.com/warriors)*. Das Basketballteam um Stephen Curry, Draymond Green und Klay Thompson bricht in den letzten Jahren alle Rekorde und stand zum Redaktionsschluss wieder einmal in den NBA-Playoffs.

KITESURFING

Sollte dir der Trubel eines Besuchs im Stadion zu viel Action sein – kein Problem. Schau stattdessen an stürmischen Tagen den tollkühnen Kitesurfern an der Golden Gate Promenade zu – eine spektakuläre Angelegenheit, die obendrein kostenlos ist.

FESTE & EVENTS

JANUAR
Das Jahr fängt lustig an – mit dem **SF Sketchfest** *(sfsketchfest.com)*: ein Comedy-Festival, das sich auch mal bis in den Februar erstreckt

FEBRUAR
Chinesisches Neujahrsfest *(chinese parade.com)*: eine Riesenparade in Chinatown mit tanzenden Drachen, Kapellen, Schönheitsköniginnen und ganz viel Feuerwerk

MÄRZ
Am 17. März ist **St. Patrick's Day** *(uissf.org)*, der Nationalfeiertag der Iren: grün gefärbtes Bier und Parade auf der Market Street, Ausnahmezustand in irischen Bars

APRIL
Kirschblütenfest *(nccbf.org)*: Japantown wird in Pastellfarben getaucht – mit Paraden und viel Kunst.

Das **San Francisco International Film Festival** *(sffilm.org)* bietet kommerzielle und avantgardistische Neuproduktionen.

MAI
Cinco de Mayo *(cincodemayosf.org)*
Nicht nur der Mission District feiert am 5. Mai die Unabhängigkeit Mexikos.
Beim **Bay to Breakers** *(baytobreakers.com)* laufen rund 100 000 Teilnehmer 12,5 km vom Embarcadero zum Pazifik – viele in Kostümen, einige nackt.

JUNI
Die ★ **SF Pride Parade** *(sfpride.org)* ist eine Institution! Der farbenfrohe Umzug beginnt am Ferry Building.

JULI
Fillmore Jazz Festival *(fillmore jazzfest.com)*: jährlich das größte kostenlose Jazzfestival der Westküste entlang der Fillmore Street

Drachen steigen lassen mal anders beim Chinesischen Neujahrsfest

AUGUST

Outside Lands *(sfoutsidelands.com)*: ein riesiges Musikfestival im Golden Gate Park mit internationalen Top-Acts und Newcomern

Nihonmachi Street Fair *(nihonmachi streetfair.org)*: Gefeiert wird mit authentischen Speisen, Musik und einer Misswahl beim asiatischen Straßenfest in Japantown.

SEPTEMBER

Folsom Street Fair *(folsomstreet events.com)*: viel Leder, nackte Haut und Zelte, in denen du dich auspeitschen lassen kannst. Sei gewarnt!

J-Pop Summit *(j-pop.com)*: japanische Popkultur pur, mit Kunst, Modenschauen, Livemusik und einem Filmfestival (wechselnde Termine)

San Francisco Jazz Festival *(sfjazz.org)*: ein Muss für alle Jazzfans von September bis November (ganzjährig Extrakonzerte)

Ghirardelli Chocolate Festival *(ghirardelli.com)*: zwei süße Tage mit Musik, Eiswettessen und viel Schokolade

OKTOBER

Columbus Day *(sfitalianheritage.org)*: Anfang Oktober große italienische Parade mit Speis und Trank

Zur **Fleet Week** *(fleetweeksf.org)* ist nicht nur auf dem Wasser viel los: Viele Kunstflieger zeigen ein Wochenende lang ihr Können.

Hardly Strictly Bluegrass *(hardlystrictlybluegrass.com)*: Musikgroßereignis im Golden Gate Park mit Stars wie Emmylou Harris und Buddy Miller – kostenlos!

INSIDER-TIPP
Open air & gratis

DEZEMBER

Entzünden der Weihnachtsbaumlichter: Der größte Baum steht noch immer am Union Square.

SCHÖNER SCHLAFEN

WO PRÄSIDENTEN SCHLAFEN

Die Flaggen über dem Eingang des *Fairmont San Francisco (606 Zi. | 950 Mason Street | Tel. 1 415 772 50 00 | fairmont.com | Cable Car Powell/Hyde | €€€ | j3)* verraten: Hier tagten 1945 die Abgeordneten der UN-Gründungsversammlung. Klar, dass auch Präsident Obama bei Besuchen stets hier schlummerte. Viele der Luxuszimmer bieten eine großartige Aussicht auf Downtown, Alcatraz und die Bay Area.

KEEP ON ROCKING

Das ★ *Phoenix Hotel (44 Zi. | 601 Eddy Street | Tel. 1 415 7 76 13 80 | phoenixsf.com | Muni 31 Balboa | €€ | h4)* liegt im berühmt-berüchtigten Tenderloin. Den Filmemachern, Rockmusikern und sonstigen Künstlern, die hier absteigen, scheint dies nichts auszumachen. Die Zimmer sind riesig und mit Bambusmöbeln eingerichtet. Im Innenhof gibt's einen kleinen Pool.

ZEITREISE INS 19. JAHRHUNDERT

Willst du ganz stilvoll in einem der schönsten viktorianischen Holzhäuser überhaupt wohnen, dann heißt dein Ziel *Chateau Tivoli (9 Zi. | 1057 Steiner Street | Tel. 1 415 7 76 54 62 | chateautivoli.com | Muni 5 Fulton | €€ | g4)*. Das gemütlich-stilvolle, 1892 gebaute Bed-&-Breakfast-Inn am Alamo Square begeistert mit atemberaubenden, altehrwürdig eingerichteten Räumen. Teils günstigere Zimmer, wenn du dir das Bad mit einem anderen Gast teilst.

ITALIEN MEETS WILDWEST

Noch in Laufweite zum Fisherman's Wharf befindet sich das *San Remo (62 Zi. | 2237 Mason Street/Ecke Chestnut Street | Tel. 1 415 7 76 86 88 | sanremohotel.com | Cable Car Powell/Mason | € | h2)* in einem ruhigen Teil von North Beach. Im Erdgeschoss: *Fior d'Italia,* der älteste Italiener der USA. Drinnen geht's rustikal zu: Decken-

Im Phoenix Hotel kann man mit etwas Glück Film- und Rockstars sehen

ventilatoren, Messingbetten, Holz- und Bastmöbel. Die Bäder – keine privaten – haben frei stehende Wannen wie in alten Western.

(NICHT) NUR FÜR BEAT-POETEN

Der Name ist Programm: Die Einrichtung des *Hotel Bohème (15 Zi. | 444 Columbus Av. | Tel. 1 415 4 33 91 11 | hotelboheme.com | Muni 45 Union/ Stockton | €€ | j2)* reflektiert bewusst Kultur und Geschmack der Beatgeneration der 1950er-Jahre. Dazu passend: die Lage in North Beach, wo einst die Bohemiens wohnten. Die Zimmer sind winzig, aber wer bleibt in so einer Nachbarschaft schon daheim?

IM MILITÄRSTÜTZPUNKT

Luxuriös generalüberholt ist das *Inn at the Presidio (22 Zi. | 42 Moraga Av. | Tel. 1 415 8 00 73 56 | innatthepresidio.com | Muni 43 Masonic | €€€ | H4)* im ehemaligen Militärstützpunkt.

Wenn die Touristen und Einheimische, die im Presidio arbeiten, abends nach Hause fahren, hast du den Park für dich allein. Na gut, du musst ihn dir mit den anderen Gästen, Anwohnern und Tieren teilen. Schaffst du aber sicherlich.

ART DECO AM PAZIFIK

Das *Ocean Park Motel (24 Zi. | 2690 46th Av. | Tel. 1 415 5 66 70 20 | oceanparkmotel.com | Muni L Taraval | €€ | a3)* öffnete 1937 als erstes Motel von San Francisco. Die mit Zedernholz getäfelten Zimmer sind dementsprechend etwas kleiner, aber sauber und sehr gemütlich. Sollte es am gerade mal zwei Straßen entfernten Pazifik etwas zu sehr stürmen, lädt eine windgeschützte *hot tub* im Garten zum Aufwärmen ein. Nachts rauscht das Meer, und ab und an brummen die Nebelhörner – traumhaft.

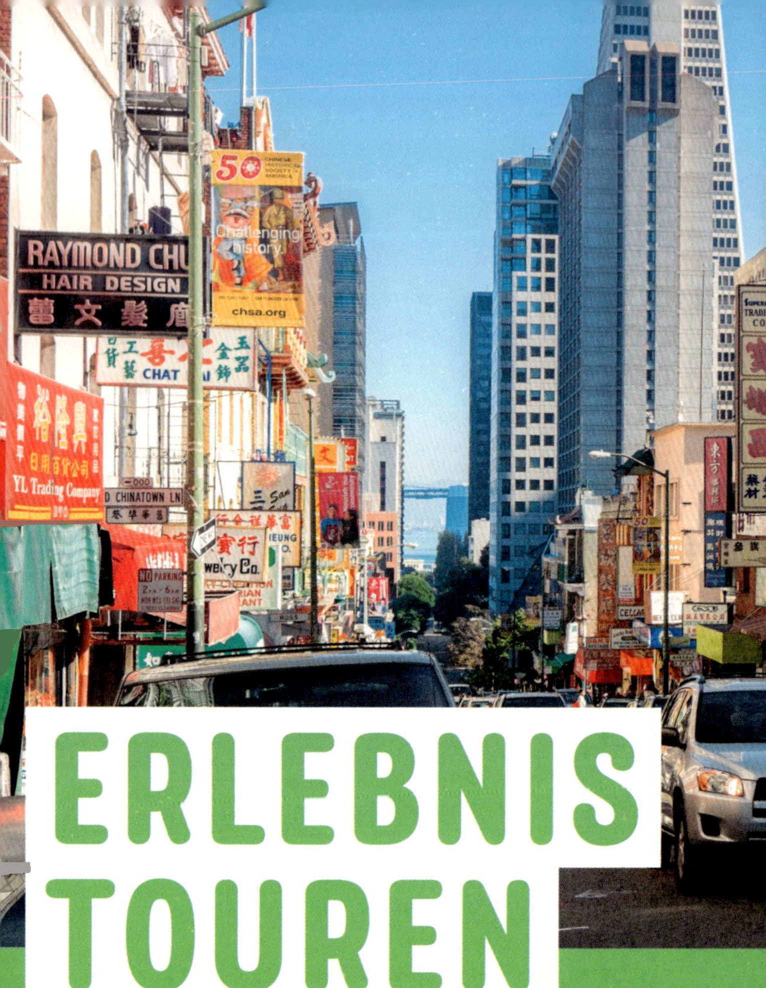

ERLEBNIS TOUREN

Lust, die einzigartigen Facetten der Stadt zu entdecken? Dann sind die Erlebnistouren genau das Richtige für dich! Ganz einfach wird es mit der MARCO POLO Touren-App: Die Tour über den QR-Code aufs Smartphone laden – und auch offline die perfekte Orientierung haben.

Auf jeden Fall einen Ausflug wert: das wuselige Chinatown

Einfach QR-Code scannen und alle Karten & Infos zu unseren Touren auch unterwegs parat haben!

go.marcopolo.de/sfc

DIE ERLEBNISTOUREN IM ÜBERBLICK

Treasure Island
Alcatraz Island
San Francisco Bay
Die Bucht entlang – schöne Aussichten garantiert
Yerba Buena Island
Marina Distr.
Lombard St.
North Beach
The Embarcadero
Pacific Heights
Van Ness Ave.
Chinatown
Financial Distr.
Howard St.
3rd St.
4th St.
Gough St.
Geary Expwy.
Market St.
SoMa
San Francisco - Oakland Bay Bridge (Toll)
Bryant St.
King St.
San Francisco perfekt im Überblick
9th St.
10th St.
Haight-Ashbury
Market St.
San Francisco Bay
Potrero Ave.
James Lick Freeway
3rd St.
Potrero Hill
Guerrero St.
Mission Park
Mission District
Market St.
Noe Valley
Cesar Chavez
(Army) St.
Southern Embarcadero Freeway
Bernal Hts. Park
Glen Canyon Park
San Jose Ave.
Bernal Heights
Glen Park
Monterey Blvd.
Bayview
Bayshore Blvd.
Bayshore Freeway
3rd St.
Jose
John McLaren Park
Excelsior
Crocker-Amazon Playground
Visitacion Valley
Geneva Ave.
San Francisco City & County
San Mateo County
Bayshore Blvd.
Bayshore
San Bruno Mountain County Park
Bayshore

❶ SAN FRANCISCO PERFEKT IM ÜBERBLICK

- Alle wichtigen Stadtviertel
- Auftanken am Wasser und im Park
- Essen mit den *locals*

Pinecrest Diner — North Beach

31 km — 1 Tag, reine Fahr-/Gehzeit 3 Stunden

Eine Jacke kann man zu jeder Jahreszeit gebrauchen – selbst tagsüber frischt es mitunter vom Wasser her auf. Mit dem Muni-Tagespass kommst du gut durch die Stadt – und sogar mit der BART-Schnellbahn vom Mission District zurück in die Innenstadt.

❶ Pinecrest Diner

❷ Cable Car

❸ Chinatown

UNION SQUARE & CHINATOWN

Nach einem guten Frühstück läuft es sich besser: Der Tag in San Franciscos *neighborhoods* beginnt im ❶ Pinecrest Diner *(401 Geary Street)*, einen Block vom Union Square entfernt, mit einem zünftigen *American breakfast*. Setz dich an den Tresen, und schau den Köchen beim flinken Zubereiten der Speisen zu. *Auf der Geary Street geht es einen Block in Richtung Osten: Am Nordende des Union Square* steigst du in ein ❷ Cable Car ➤ S. 49 ein, löst einen Tagespass und schlägst so der langen Schlange an der Endstation ein Schnippchen. Die Linie spielt keine Rolle, beide halten an der *Ecke Powell & Washington, wo du aussteigst und dann zwei Blöcke nach Osten* läufst. Willkommen in ❸ Chinatown ➤ S. 40, konkret: am *Portsmouth Square*, dem ältesten öffentlichen Platz der Stadt. Von hier aus empfiehlt sich ein Rundgang durch eins der ältesten Viertel San Franciscos mit seinen verwunschenen Gassen, authentisch asiatischen Obst- und Gemüseläden und zahlreichen großen und kleinen Geschäften mit allerlei Schnickschnack.

FISHERMAN'S WHARF & MARINA

Ab Powell & Washington geht's *mit dem Cable Car weiter in Richtung* ❹ Fisherman's Wharf ➤ S. 40. Nimm die *Powell-Hyde-Linie bis zum Aquatic Park, und lauf dann in Richtung Osten* zum ❺ Pier 39 ➤ S. 42, 89 – zum Kauf von Andenken oder zum Bestaunen der Seelöwen links des Piers. So langsam knurrt der Magen? Kein Problem, gehe *zurück in Richtung Aquatic Park* und kehr bei ❻ In-N-Out Burger ➤ S. 81 ein. Bestell aber dein Mittagessen am besten zum Mitnehmen, denn auf den Stufen des Maritime Museum oder gar direkt am Strand sitzend schmeckt es mit Blick auf Alca-

❹ Fisherman's Wharf

❺ Pier 39

❻ In-N-Out Burger

Hauptsache schrill und retro! Haight-Ashbury feiert die 1960er

traz und die Golden Gate Bridge noch mal so gut. Weiter *am Wasser entlang geht es in Richtung Golden Gate Bridge,* bis die Straße einen Linksknick macht und eine kleine Anhöhe hinaufführt. *Folg dem Weg durch*

7 Fort Mason

7 Fort Mason ➤ S. 38, genieß dabei die Aussichten auf Stadt und Bucht und steig am Marina Boulevard in den *Muni-Bus 28 (19th Avenue) in Richtung Daly City BART.*

PRESIDIO & HAIGHT-ASHBURY

Nach einer kurzen Fahrt durch das Marina-Viertel, vorbei am Presidio mit Blick auf das Letterman Digital Arts Center auf der linken Seite, erreicht der Bus die

8 Golden Gate Bridge

8 Golden Gate Bridge ➤ S. 30. Steig aus, und erkunde den kleinen Park direkt an der Haltestelle, verbunden mit einem Gang über einen Teil der zweitlängsten Brücke der USA. Nach so viel Natur wird es Zeit für den Großstadtdschungel: *Mit Taxi, Uber & Co. fährst du zur Kreuzung der Straßen*

9 Haight und Ashbury

9 Haight und Ashbury ➤ S. 61, die dem Stadtviertel seinen Namen gaben. Wo sich in den späten 1960er-Jahren die Hippies trafen, gibt's auch heute noch viele urige Typen und Läden. Erste Müdigkeitserscheinungen bekämpft ein Espresso im Coffee-Shop ⑩ The Grind *(783 Haight Street).*

⑩ The Grind

MISSION & NORTH BEACH

Szenenwechsel: Lauf *die Haight Street drei Kreuzungen nach Osten* zur Fillmore Street. Steige dort in den *Muni-Bus 22* und an der *Haltestelle 16th & Mission* wieder aus. Hola, willkommen auf der ⑪ Mission Street ➤ S. 64! Tauch in das bunte Treiben ein paar Blöcke südlich ein, und erleb mexikanische Gastfreundschaft in einer der vielen *taquerías.* Schließlich fährst du *mit der BART-Schnellbahn von der Haltestelle 16th & Mission zurück in die Innenstadt und steigst an der Powell Street wieder aus. An der Stockton Street an der Ostseite des Union Square bitte in den Bus 30 umsteigen und damit bis zur Columbus Street* ins Herz von ⑫ North Beach ➤ S. 40 fahren. Entspann dich bei einem Glas Wein bei Tony's ➤ S. 80 und beschließ den Tag mit italienischen Dessert- und Kuchenspezialitäten der Bäckerei Stella Pastry & Cafe *(446 Columbus Avenue).*

⑪ Mission Street

⑫ North Beach

❷ DIE BUCHT ENTLANG – SCHÖNE AUSSICHTEN GARANTIERT

- ➤ **Den Wind um die Nase wehen lassen**
- ➤ **Weite Natur statt enger Großstadt**
- ➤ **Famose Ausblicke von der Golden Gate Bridge**

Aquatic Park

Ferry Building

20 km

1 Tag, reine Fahr-/Gehzeit 5 ½ Stunden

Auch, wenn es bewölkt sein mag: Sonnencreme ist bei dieser Tour Pflicht, denn am Wasser wechselt das Wetter und damit die UV-Strahlung schnell.

Im Museumshafen am Hyde Street Pier liegt auch das Segelschiff Balclutha

❶ Aquatic Park

❷ Fort Mason

❸ Safeway

❹ Dynamo Donut

GROSSE UND KLEINE SCHIFFE

Beginn mit dieser Tour am ❶ Aquatic Park. Rechts liegen Alcatraz und die Museumsschiffe, links dein Ziel: die Golden Gate Bridge. *Immer am Wasser geht's die McDowell Avenue entlang,* eine ehemalige Zufahrtsstraße zum ❷ Fort Mason ➤ S. 38, heute ein vielseitiges Kulturzentrum. Du passierst einen kleinen Park und *hälst dich rechts, den Hügel hinab* zum Marina Boulevard. Links: ein ❸ Safeway *(15 Marina Boulevard),* als Single-Treffpunkt in Armistead Maupins „Stadtgeschichten" verewigt. Bestell dir dort ein frisch belegtes Sandwich zur Stärkung für den Tag.

INSIDER-TIPP
Frische Marsch-verpflegung

Zurück auf der anderen Straßenseite läufst du am Yachthafen entlang, *immer in Richtung Westen.* Vom Marina Green Drive zwischen dem Yacht- und dem westlichen Hafen hast du einen schönen Blick auf Fort Mason. *Links in die Scott Street und dann wieder rechts den Marina Boulevard entlang:* Auf der linken Seite sieht man jetzt den Palace of Fine Arts ➤ S. 39, doch den lässt du links liegen. Überquer die Straße in Richtung Wasser und passier ❹ Dynamo Donut *(Mi–So | 111 Yacht Road)* – kein Spaziergang ohne Hipstersüßigkeit und -kaffee.

VOM FLUGPLATZ AUF DIE BRÜCKE

Weiter geht es zum ehemaligen Militärflugplatz Crissy Field, den du *über die Golden Gate Promenade* ein paar Meter oberhalb des Wassers erreichst. *Weiter nach Westen* passierst du das Farrallones Visitor Center und die Warming Hut *(tgl. | €)*, in der du Getränke und Snacks sowie qualitativ hochwertige Bücher über und Andenken an San Francisco und den Park bekommst. Schließlich ist das ❺ Fort Point ➤ S. 31 erreicht – spektakuläre Blicke auf San Franciscos Wahrzeichen sind der Lohn. *Zurück in Richtung Stadt gehend folgst du einem Wanderpfad, der sich etwa 500 m östlich vom Fort Point* zur Südseite der Golden Gate Promenade ➤ S. 31 emporschlängelt. Je nach Zeit und Wetter solltest du mindestens *zum ersten Brückenpfeiler* der Golden Gate Bridge ➤ S. 30 laufen und dann *am Besucherpark in den Bus 28 (19th Avenue)* in Richtung Fort Mason steigen. *Steig an der Endstation aus und lauf zurück zum Aquatic Park.*

❺ Fort Point

ABENDESSEN: HISTORIE UND HIPSTER

Wenn du noch etwas Zeit hast, empfiehlt sich ein Besuch der am ❻ Hyde Street Pier ➤ S. 42 liegenden Museumsschiffe, der kleinen Seemannskirche sowie auch des ❼ Musée Mécanique ➤ S. 42 am Pier 45. Schön ist ein Abendessen im nostalgischen Restaurant ❽ The Grotto *(tgl. | 2847 Taylor Street | Tel. 1415 5231072 | €€)*. Der Verdauungsspaziergang geht schließlich *die Jefferson Street und dann The Embarcadero entlang* zum ❾ Ferry Building ➤ S. 56, um dort

❻ Hyde Street Pier

❼ Musée Mécanique

❽ The Grotto

❾ Ferry Building

im Hipster-Coffee-Shop **Blue Bottle Coffee** *(tgl.)* noch eine heiße Tee- oder Kaffeespezialität zu trinken.

3 DER NORDWESTEN – PAZIFIK, DOLLARS & STRAND

- ➤ **SOS – Schiffswracks aus vergangenen Zeiten**
- ➤ **Sea Cliff, Heimat der Reichen und Schönen**
- ➤ **Militärposten verteidig(t)en die Küstenlinie**

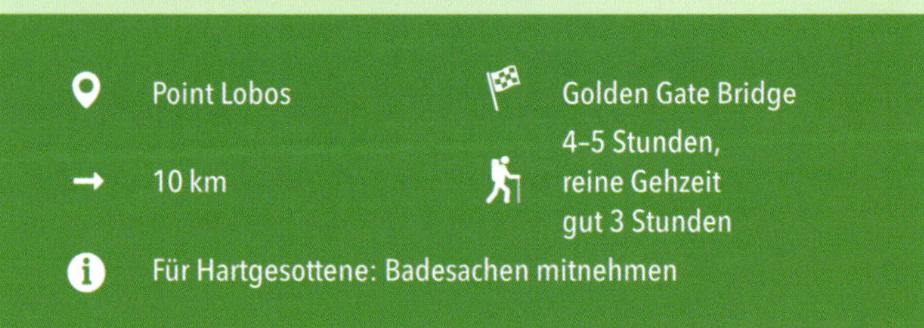

1 Point Lobos

VOM HALLEN- ZUM FREIBAD

Diese Erlebnistour startet an der Kreuzung von **1 Point Lobos** und 48th Avenue *(Muni 38 Geary)*, die du am besten per Bus erreichst. In Meeresrichtung rechts an der Point Lobos Avenue gibt es einen großen *Parkplatz, an dessen Nordende ein Pfad zu den Ruinen der* **2 Sutro Baths** führt – ein empfehlenswerten Abstecher. Falls du am westlichsten Punkt der Stadt einen spektakulären Blick auf den tosenden Pazifik werfen willst: Unmittelbar neben bzw. über den Sutro Baths befinden sich das **Cliff House** ➤ S. 35 mit seiner Aussichtsterrasse. Zurück zum Parkplatz: An dessen Nordende beginnt ein *Wanderweg, der in einem Bogen auf den Lands End Trail führt,* über den man vor über 120 Jahren für fünf Cent mit einem Zug aus der und in die Stadt reiste.

2 Sutro Baths

EIN LABYRINTH OHNE WÄNDE

3 Palace of the Legion of Honor

Lass die Abzweigungen nach rechts links liegen, es sei denn, du willst die Stufen zum **3 Palace of the Legion of Honor** ➤ S. 34 hinauf- und wieder hinabsteigen. *Richtig nah ans Wasser geht es über den ausgeschilder-*

Im Cliff House kannst du beste Ausblicke auf den wilden Pazifik genießen

ten Weg zum **Mile Rock Beach** auf der linken Seite, von dem *ein Pfad zum Aussichtspunkt* ❹ **Eagle's Point** und einem dort angelegten Labyrinth führt. Bei Ebbe kannst du zahlreiche Schiffswracks aus den 1920er- und 1930er- Jahren im Wasser erkennen. *Schließlich stößt der Land End Trail auf den Camino Del Mar,* der sich in einem Bogen durch San Franciscos Reichenviertel ❺ **Sea Cliff** mit seinen exorbitant teuren Villen windet. Weiter *nach Norden, bis die Straße mit der Sea Cliff Avenue fusioniert,* die alsbald nach rechts abknickt.

INSIDER-TIPP
Alle Mann von Bord!

❹ Eagle's Point

❺ Sea Cliff

(KEIN) FEIND IN SICHT?

Folg ihr und bieg dann *links in die 25th Avenue* ein – eine Sackgasse, von deren rechten Seite es einen *Fußweg*

❻ **Baker Beach**

❼ **Golden Gate Bridge**

hinab zum ❻ **Baker Beach** ➤ S. 34 gibt, einem Strand mit spektakulären Blicken auf die Golden Gate Bridge und die Marin Headlands. Nur wenige gehen aufgrund des kühlen Wassers und der Strömungen hier schwimmen, doch zum Sonnenbaden und Entspannen ist der Strand perfekt. Im Norden eines Parkplatzes liegt die **Battery Chamberlain** – eine von insgesamt 17 Kanonenbatterien, die 1891–1946 in Fort Scott installiert wurden. *Folg hier dem Strandpfad nach rechts und schlag dich zum Lincoln Boulevard durch, den du in nördlicher Richtung entlangläufst, bis du nach einem Zebrastreifen wieder einem Pfad in Richtung Küste folgst.* Vorbei an der Battery Crosby, dem Marshall Beach, der Battery Godfrey und der Battery Boutelle erreichst du schließlich das Südende der ❼ **Golden Gate Bridge** ➤ S. 30, von wo aus der Muni-Bus 28 (19th Avenue) ins Zentrum zum Fisherman's Wharf ➤ S. 40 fährt.

Strandfeeling mit Golden Gate Bridge – kaum zu toppen

4 PER FAHRRAD ÜBER DIE GOLDEN GATE BRIDGE NACH SAUSALITO UND TIBURON

- Lohnenswertes In-die-Pedale-Treten
- Verwunschene Hippie-Hausboote
- Tolle Blicke auf San Francisco

Crissy Field

Fisherman's Wharf

50 km inkl. Fährfahrt

1 Tag, reine Fahrzeit gut 3 ½ Stunden

Der Radverleih Blazing Saddles *(tgl. | 2714 Hyde Street | Tel. 1 415 3 73 30 06)* akzeptiert Rabattcoupons aus den überall erhältlichen kostenlosen Anzeigenheften und bietet häufig Sonderkonditionen – an der Rezeption nachfragen! Erkundige dich beim Fahrradverleih nach einem Kombiangebot mit Fährenticket – so sparst du etwaiges Schlangestehen. Meist kannst du dein Rad auch nach Feierabend beim Verleiher abgeben.
Informiere dich, welche Seite der Brücke für den Fahrradverkehr freigegeben ist und wann die letzte Fähre zurück nach San Francisco fährt.

GOLDEN GATE BRIDGE, ICH KOMME!

Vom 1 Crissy Field im Norden des Presidio aus startest du mit einem geliehenen Drahtesel *Richtung Golden Gate Bridge*. Kurz noch eine Stärkung in der 2 Warming Hut *(tgl. | €)*, dann schwingst du dich wieder auf den Sattel und fährst *kurz vor Fort Point eine relativ steile Straße hinauf zur* 3 Golden Gate Bridge ➤ S. 30. Oben angekommen kannst du verschnaufen und ein Foto von dir und/oder der Brücke schießen. Dann geht's übers Wasser nach Norden, je nach Tageszeit entweder auf der stadtzu- oder -abgewandten Seite. *Fahre hinter der Brücke auf den Weg, der dich auf die Straße in Richtung Sausalito führt.* Es geht steil bergab, gute Bremsen sind angesagt. Folg dann der *Hauptstraße nach Sausalito.*

1 Crissy Field
2 km 10 Min.

2 Warming Hut
2 km 10 Min.

3 Golden Gate Bridge
5 km 25 Min.

4 Farley Bar

4 km 15 Min.

5 Sausalito

150 m 1 Min.

6 Bridgeway

200 m 2 Min.

7 Taste of Rome

3 km 15 Min.

8 Hausboot-siedlungen

12 km 45 Min.

9 Tiburon

HIER WOHNTEN FRÜHER HIPPIES

Noch vor der Stadt führt eine Seitenstraße nach Cavallo Point, einem exklusiven Hotelresort im früheren Fort Baker. Seine Besitzer haben zahlreiche Gebäude der 1897 errichteten Militärbasis restauriert und einige neue hinzugefügt. In der **4** **Farley Bar** *(tgl. | 601 Murray Circle | €€€)* dürfen auch Nichtgäste ein erfrischendes Getränk mit einem grandiosen Blick auf die Golden Gate Bridge zu sich nehmen. Gespeist wird dann im Mitte des 19. Jhs. gegründeten **5** **Sausalito**. Dort und im Nachbarort Tiburon scheint auch dann die Sonne, wenn San Francisco vom Nebel bedeckt ist. Die Bewohner motiviert das zu kreativen Großtaten: In den Galerien und Boutiquen, die sich entlang des **6** **Bridgeway** drängeln, kannst du etliche lokal gefertigte Kunst- und Kleidungsstücke käuflich erwerben. Praktisch, dass du ohnehin auf dieser Straße unterwegs bist. Nicht verpassen: das ebenfalls *am Bridgeway gelegene* **7** **Taste of Rome** *(tgl. | 1000 Bridgeway | Tel. 1415 3 32 76 60 | €€)*. Hier tummeln sich Einheimische und Besucher – und alle wollen sie den famosen italienischen Burger.

INSIDER-TIPP **Hamburger-Pause**

LEBEN AUF (NICHT SO) HOHER SEE

Kurz vor der Kreuzung von Bridgeway und Highway 101 findest du auf der rechten Seite die weltberühmten **8** **Hausbootsiedlungen** von Sausalito. Hier wohnen seit den 1960er-Jahren nicht mehr nur Künstler in umgebauten Landungsbooten aus dem Zweiten Weltkrieg, schwimmenden Eisenbahnwaggons und ähnlich kreativen Domizilen. *Der Fahrradweg folgt dem Verlauf des Highways,* kurvt jedoch um Naturschutzgebiete und Parks herum, in denen Kinder und Jugendliche Fußball spielen – die europäisch-internationale Variante, nicht American Football. Folgst du dem *ausgeschilderten Radweg nach* **9** **Tiburon**, landest du in einem Örtchen, das

Liebevoll wird hier das Image der Hippie-Ära bewahrt: Hausbootsiedlung in Sausalito

noch eine Spur schicker als Sausalito ist. Dafür ist seine Innenstadt deutlich übersichtlicher. Inzwischen dürfte dein Magen wieder knurren – Zeit für ein frühes Abendessen in ⑩ **Sam's Anchor Café** *(tgl. | 27 Main Street | Tel. 1 415 4 35 45 27 | €€)*.

100 m 1 Min.

⑩ Sam's Anchor Café

2,5 km 15 Min.

AB NACH HAUSE – MIT DEM SCHIFF

Schließlich geht es *mit der Fähre zurück nach San Francisco.* Bei klarem Wetter bieten sich dir auf der Rückfahrt sensationelle Blicke auf Golden Gate und Bay Bridge, San Francisco, Alcatraz und ⑪ **Angel Island**. Die 3 km² große Insel war im 20. Jh. so etwas wie das Ellis Island des Westens. Zwischen 1910 und 1940 machten rund eine Million vorwiegend asiatische Einwanderer vor dem Betreten der USA hier Station. Heute ist die Insel Parkland mit tollen Aussichten, einem kleinen Strand, Grillplätzen sowie einem Wanderweg zum gerade mal 240 m hohen **Mount Livermore**, der bei Sonnenschein jede Menge Besucher anlockt. An klaren Tagen sieht man von dort oben den Mount Tamalpais und Teile von Marin County sowie die Skyline von San Francisco, wo du am Ende der Fährfahrt am ⑫ **Fisherman's Wharf** ➤ S. 40 wieder an Land gehst.

⑪ Angel Island

18 km 1 Std.

⑫ Fisherman's Wharf

GUT ZU WISSEN

DIE BASICS FÜR DEINEN STÄDTETRIP

– 9 Stunden Zeitverschiebung

San Francisco liegt in der *Pacific Standard Time Zone,* also mitteleuropäische Zeit minus 9 Stunden. Beginn und Ende der offiziellen Sommerzeit: 2. Sonntag im März und 1. Sonntag im November.

ANKOMMEN

ANREISE

Linienflüge aus dem In- und Ausland landen auf dem *San Francisco International Airport (SFO)* 25 km südlich von Downtown. So kommst du am besten in die Stadt:

Per Bus: Die *Super Shuttle* fahren etwa alle 20 Minuten rund um die Uhr in die Innenstadt und halten dort an jedem gewünschten Ziel. Das kann jedoch arg lange dauern, weil bis zu neun Personen an Bord sein können. Preis: rund $ 20. Der öffentliche *SamTrans-Bus* fährt vom Flughafen zum Transbay Terminal an der Ecke Mission und First Street in Downtown. Preis: $ 2,25 (regulärer Bus) und $ 4,50 (Expressbus).

Per Taxi, Uber und Lyft: Der Fahrpreis nach Downtown beträgt rund $ 55. Günstiger fährst du mit Uber und Lyft (ca. $ 40) direkt ab dem International Terminal. Bei Inlandsflügen halten die Autos auf dem Dach des Parkhauses.

Per Leihwagen: Die *Blue Line* des vollautomatischen, kostenlosen *AirTrains* bringt dich 24 Stunden am Tag in 15 Minuten vom Terminal zum Leihwagenzentrum.

Per BART-Schnellbahn: Auch die Bahn verbindet den Flughafen mit der Innenstadt. Für derzeit $ 10 kommst du vom Terminal direkt in die Innenstadt. Aktuelle Fahrpläne und I-Phone-App unter *bart.gov*.

Eine Fahrt mit dem Cable Car ist natürlich ein absolutes Muss

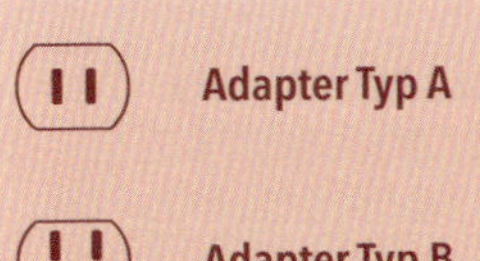

Netzspannung: 110 Volt/60 Hertz. Viele Ladegeräte von Smartphones & Co. machen das automatisch. Vorher checken!

EINREISEBESTIMMUNGEN
Einreisende – auch Minderjährige – brauchen einen maschinenlesbaren Pass und müssen sich vor der Einreise auf *esta.cbp.dhs.gov* online registrieren. Dabei wird eine Einreisegebühr von $ 21 fällig, die nur mit Kreditkarte bezahlt werden kann. Wer die nicht besitzt, kann die Gebühr auch von Dritten bezahlen lassen. Bleibst du mehr als drei Monate im Land, ist ein Visum erforderlich.

Informier dich unbedingt unter *dhs.gov* über den aktuellen Stand der Einreisebestimmungen.

ZOLL (EINREISE)
Zollfrei bei der US-Einreise sind: 1 l Spirituosen, 100 Zigaretten und Geschenke bis zu $ 100. Ein Einfuhrverbot herrscht für Gemüse, Obst, Fleisch, Milch sowie Pflanzen und Samen.

MOBIL SEIN

AUTOFAHREN
Es ist dringend davon abzuraten, in der Stadt mit dem Auto zu fahren. Aber wenn du die Umgebung erkunden willst, kannst du dir am Flughafen oder in der Stadt ein Auto leihen – am Flughafen oft mit besseren Angeboten, in der Stadt hat *City Rent-A-Car*

Augen auf bei den farbigen Parklinien: Gelbe Linien begrenzen Ladezonen

(cityrentacar.com) gute Preise. Kreditkarte nicht vergessen!
Wie bei uns herrscht Anschnallpflicht, und die Promillegrenze beträgt 0,8. Bei Rot darfst du nach einem Stopp vor der Ampel rechts abbiegen. Cable Cars haben immer (!) Vorfahrt, Fußgänger auch.

GRÜN & FAIR REISEN

Du willst beim Reisen deine CO_2-Bilanz im Hinterkopf behalten? Dann kannst du deine Emissionen kompensieren *(atmosfair.de; myclimate.org)*, deine Route umweltgerecht planen *(routerank.com)* oder auf Natur und Kultur *(gate-tourismus.de)* achten. Mehr über ökologischen Tourismus erfährst du hier: *oete.de* (europaweit); *germanwatch.org* (weltweit).

FAHRRADFAHREN & CO.

Tretroller, E-Bikes und -Scooter: San Francisco ist Testgelände für Firmen, die auch mal ohne Genehmigung operieren. E-Scooter gibt's derzeit unter anderem bei *Lime (li.me)*, *Scoot (scoot.com)* und *Spin (spin.app)*, Fahrräder bei *Lyft (lyft.com/bikes/baywheels)*. Weil sich Preise und Angebote häufig ändern, ist ein Blick in die App des jeweiligen Anbieters Pflicht, die alle für den Verleihvorgang nutzen.

ÖFFENTLICHE VERKEHRSMITTEL

San Francisco besitzt ein gut ausgebautes, wenn auch nicht immer pünktliches Nahverkehrsnetz.
Cable Car: Die Cable Cars fahren auf drei Strecken: Powell/Hyde, Powell/Mason und California Street.
Muni Bus: Busse steuern fast jede Straße der Innenstadt an. Frag im

Zweifelsfall den Busfahrer nach der gewünschten Haltestelle.

Muni Metro: Teils unterirdisch, teils oberirdisch fahrende Straßenbahnen, die vor allem Stadtteile im Westen und Südosten bedienen.

BART (Bay Area Rapid Transit): Eine S-Bahn, die San Francisco mit der East Bay, der Peninsula und dem Flughafen verbindet.

Mit einem *Visitor Passport* für $ 13, 31 oder $ 41 bist du per *MuniMobile*-App drei oder sieben Tage mit Muni und Cable Cars unterwegs. Bleibst du länger vor Ort, lohnt der Kauf einer Monatskarte (ab $ 81). Alle Tickets gibt's auch physisch, aber die *MuniMobile*-App (gezahlt wird per Kreditkarte/PayPal) liefert Rabatte. Mehr Infos hierzu findest du auf *sfmta.com*.

PARKEN

An Bushaltestellen und Hydranten ist das Halten und Parken streng verboten. Achtung: Steht dein Fahrzeug einer Straßenreinigung im Weg, drohen Strafzettel. Deshalb immer die Schilder am Straßenrand beachten! Den Rest regeln farbige Markierungen am Bordstein. Rot bedeutet: Halteverbot, gelb: Ladezone, grün: Kurzzeitparken, weiß: 5 Minuten anhalten, um Leute einzuladen/abzusetzen. An Bordsteinen, die nicht farbig gekennzeichnet sind, ist das Parken erlaubt, aber oft nur zwei Stunden.

Weil die ohnehin schon hohen Parkgebühren stetig ansteigen, akzeptieren viele Parkuhren inzwischen Kreditkarten. Viele lassen sich auch per Smartphone-App füttern. Hotels verlangen fürs Parken auch schon mal $ 100 und mehr pro Nacht – hier lohnt es sich, selbst nach Parkhäusern oder nach einem Straßenparkplatz zu fahnden.

RIDESHARE

Wenn du noch kurz vor knapp in ein Museum auf der anderen Seite der Stadt willst, ist eine Fahrt per *Uber* oder *Lyft* oft die einzige Rettung. Nur nicht zur Rushhour. Da bist zu Fuß oft schneller.

TAXI

Es gibt sie noch, die klassisch-amerikanischen Taxis, wobei die Servicequalität anekdotenhaft schwanken kann. Kosten: $ 4,15 Grundgebühr und $ 3,25 für jede Meile. Pro Minute im Stau werden 55 Cent fällig, die Fahrer erwarten obendrein ein Trinkgeld. Reservierungen: *Flywheel Taxi (Tel. 1415 9701300), Luxor Cabs (Tel. 1415 2824141), Veteran's Cab (Tel. 1415 6413787), Yellow Cab (Tel. 1415 3333333)*

VOR ORT

AUSKUNFT VOR ORT

San Francisco Visitor Information Center

Die Mitarbeiter im Informationsbüro am *Moscone Center (749 Howard Street | Tel. 1415 3912000 | sftravel.com)* wissen auf alle Besucherfragen eine kompetente Antwort. Die Website lockt mit zahlreichen Angeboten, digitalen Broschüren und Infos – etwa, welches Museum wann einen kostenlosen Eintrittstag hat.

CELSIUS & FAHRENHEIT

-10 °C = 14 °F	0 °C = 32 °F
10 °C = 50 °F	20 °C = 68 °F
30 °C = 86 °F	40 °C = 104 °F

Es gilt die Umrechnungsformel (32 °F – 32) × 5/9 = 0 °C

FEIERTAGE

1. Jan.	*New Year's Day*
3. Mo im Jan.	*Martin Luther King Jr. Day*
3. Mo im Feb.	*Presidents' Day*
Letzter Mo im Mai	*Memorial Day*
4. Juli	*Independence Day*
1. Mo im Sept.	*Labor Day*
2. Mo im Okt.	*Columbus Day*
11. Nov.	*Veterans Day*
4. Do im Nov.	*Thanksgiving*
25. Dez.	*Christmas*

GELD

1 Dollar = 100 Cent. Scheine *(bills)* gibt's in den Werten 1, 2, 5, 10, 20, 100 Dollar. Münzen *(coins)* in den Werten: *penny* (1 Cent), *nickel* (5 Cent), *dime* (10 Cent), *quarter* (25 Cent), *buck* (1 Dollar) – letztere meist nur als Automatenrückgeld.

Das populärste Zahlungsmittel ist die Kreditkarte (American Express, Mastercard, Visa), oft selbst für kleinste Beträge. Ebenfalls möglich: vom Geldautomaten per EC-Karte.

INSIDER-TIPP **Bares ohne Aufschlag**

Wer ein Konto bei der Deutschen Bank hat, kann mit seiner Girobankkarte an allen Bankautomaten der Bank of America gebührenfrei Geld abheben.

Travellercheques als Zahlungsmittel werden meistens akzeptiert, und man bekommt Dollar als Wechselgeld zurück. Europäisches Bargeld wird am Flughafen, in Hotels und in großen Banken gewechselt, aber zu schlechtem Kurs. Viele kleinere Läden akzeptieren keine Geldscheine über $ 20. Also klein tauschen!

INTERNET & WLAN

San Francisco ist die amerikanische Internethauptstadt: Entlang der Market Street zwischen Embarcadero und Castro Street sowie in manchen Parks kommst du kostenlos ins städtische WLAN *SFWiFi*. Auch im Flughafen und den meisten Cafés wartet kostenloses WLAN. Hotels kassieren oft noch eine Tagesgebühr. Wer sich die sparen will, sollte im *Apple Store (1 Stockton Street)* oder an den Terminals der *Public Library (100 Larkin Street)* online gehen.

Was die wenigsten wissen: Gratis-Internet im Einkaufszentrum *Westfield Centre (865 Market Street)*.

MASSE & GEWICHTE

1 inch = 2,54 cm
1 foot = 30,48 cm
1 mile = 1,6 km
1 gallon = 3,79 l
1 pint = 0,47 l
1 pound = 453,6 g

Bekleidung: Bei Damen entspricht US-Größe 4 der deutschen 34, 6 = 36, 8 = 38 etc., für Herren: 36 = 46, 38 = 48 etc.

ÖFFNUNGSZEITEN

In San Francisco gibt es fast keine eingeschränkten Öffnungszeiten, viele Geschäfte mit Ausnahme von Banken und Postämtern sind sogar an den wichtigsten offiziellen Feiertagen nicht geschlossen.

POST

Postämter haben Mo–Fr 8–18 Uhr geöffnet, größere auch Sa 8–15 Uhr. Das Porto für Luftpostbriefe und Postkarten nach Europa beträgt $ 1,45.

WAS KOSTET WIE VIEL?

Snack	11 Euro *für ein Sandwich*
Wein	10 Euro *für ein Glas*
Caffè Latte	4 Euro *für einen mittelgroßen Becher*
Sonnenmilch-	4 Euro *für 88 ml (Walgreens-Hausmarke)*
Jeans	70–80 Euro *für eine Levi's 501*
Cable Car	7,30 Euro *für eine einfache Fahrt*

STADTRUNDFAHRTEN AUF RÄDERN …

Die 3,5 Stunden lange Rundfahrt der SF Tour Company *($ 59 | sftourcompany.com)* bringt dich zu den wichtigsten Attraktionen der Stadt. Eine „Hop-on-hop-off"-Tour in einem Doppeldeckerbus *($ 59 | towertours.com)* erlaubt dir das Aussteigen und Erkunden im eigenen Tempo. Eine etwas naturnähere Tour durch die Parks und and der Küste der Stadt *($ 65)* bietet *Extranomical Adventures (extranomical.com)* an.

In einem Feuerwehr-Oldtimer geht es mit der *Fire Engine Tour ($ 64 | fireenginetours.com)* über die Golden Gate Bridge.

Wer selbst gern lenkt, für den ist ein dreirädriges *GoCar (ab $ 89 | gocartours.com)* ideal. In grellgelben, straßentauglichen Cabrio-Blechkisten fahren ein oder zwei Personen GPS-geleitet sogar mit deutscher Ansage durch die Stadt. Auf zwei Rändern machst du drei Stunden lang per *Segway-Roller (ab $ 79 | electrictourcompany.com)* die Gegend um den Fisherman's Wharf und North Beach unsicher.

… UND ZU FUSS

Hast du Lust auf kostenlose Insider-Touren? Die *San Francisco City Guides* sind ortsansässige Stadtliebhaber, die dir Art-déco-Gebäude in der Marina, Wandmalereien in der Mission oder Erdbebengeschichten in der Innenstadt vorstellen. Eine Anmeldung ist nicht erforderlich, aktuelle Tourinformationen gibt's unter *sfcityguides.org*. Gleich zwei Spaziergänge widmen sich den viktorianischen Gebäuden der Stadt: die *Haight-Ashbury Walking Tour ($ 25 | haightashburytour.com)* sowie der *Victorian Home Walk ($ 30 | victorianhomewalk.com)*. Letzterer führt sogar in Straßen, die für Tourbusse verboten sind.

INSIDER-TIPP **Abseits der Touripfade**

Grusel und Geschichte kombiniert die *San Francisco Ghost Hunt ($ 29,99 | sfghosthunt.com)*, bei der man in al-

ten Hotels und vor viktorianischen Häusern auf Geisterjagd geht.
90 Minuten dauert Deleano Seymours kostenlose *Tenderloin Walking Tour (tlwalkingtours.com)*: Suppenküchen, Storys und Anekdoten über den einst edlen Stadtteil.
Krimi- und Film-noir-Fans begeistert die urige *Dashiell-Hammett-Tour (ab $ 20 | donherron.com)*. Don Herron führt seit 1977 anekdotenreich an die Schauplätze des Autors.

TELEFON & HANDY

Am günstigsten sind Prepaid-Karten der großen Anbieter wie *AT&T (att.com)* oder *T-Mobile (t-mobile.com)*, die du vor Ort im Telefonshop kaufst. Allerdings ist es oft günstiger, eine eSIM zu kaufen oder noch vor der Ankunft in den USA zuzuschlagen. *The Savy Backpacker (thesavybackpacker.com)* bietet erschöpfende Informationen dazu.
Bei Gesprächen innerhalb der Stadt wird die im Band vermerkte nationale Vorwahl 1 nicht gewählt, bei Ferngesprächen wählst du wie angegeben: 1 + *area code* (dreistellige Vorwahl) + siebenstellige Nummer.
Vorwahl in die USA: vor die 1 noch eine 0, also 01. Vorwahl aus den USA nach Deutschland: 01 149, Österreich: 01 143, Schweiz: 01 141; danach die Ortsvorwahl ohne 0 und die Nummer.

TRINKGELD

Alle Leute, die Dienstleistungen erbringen, rechnen ihr Trinkgeld *(tip)* fest in ihren Verdienst ein – und kaum jemand hat eine Krankenversicherung. Barkeeper: $ 1 pro Drink, Kellner: 15–20 Prozent, Portiers: mindestens $ 1 pro Gepäckstück, *valets* (Autoparker): $ 1–2 für das Parken/Holen des Wagens, Zimmermädchen: $ 2–5 pro Tag.

ZOLL (AUSREISE)

In die EU zollfrei einführen darf man 1 l Spirituosen oder 4 l Wein und 16 l Bier, 200 Zigaretten oder 100 Zigarillos oder 50 Zigarren. Parfüm und Eau de Toilette gehören zu sonstigen Waren, deren Wert 430 Euro nicht überschreiten darf *(zoll.de)*.

NOTFÄLLE

DIPLOMATISCHE VERTRETUNGEN

Deutsches Generalkonsulat

1960 Jackson Street | Tel. 1 415 7 75 10 61 | ▯ g3

Österreichisches Konsulat

Da das Konsulat in San Francisco geschlossen wurde, ist nun das in Los Angeles zuständig: *Tel. (nur in Notfällen) 1 310 4 44 93 10-0 | los-angeles-gk@bmeia.gv.at | bmeia.gv.at/gk-los-angeles*

Schweizerisches Generalkonsulat

Pier 17, Suite 600 | Tel. 1 415 7 88 22 72 | eda.admin.ch/sf | ▯ k2

GESUNDHEIT

Ohne Moos nichts los – das gilt auch und gerade für Krankenhausnotaufnahmen und Arztpraxen in den USA. Bevor dich ein Arzt begutachtet, musst du die Kreditkarte zücken. Deshalb unbedingt eine Reisekrankenversi-

cherung abschließen, sonst wird der Ausflug ins Gesundheitssystem Kaliforniens rasch zum unangenehmen vier- bis fünfstelligen Abenteuer.
Die Notaufnahmeabteilungen der Krankenhäuser, mit *Emergency Room* außen deutlich beschildert, helfen bei akuten Notfällen weiter. *Saint Francis Memorial Hospital (900 Hyde Street | Tel. 1 415 3 53 60 00)*. Deutschsprachige Ärzte empfiehlt die *San Francisco Medical Society (Tel. 1 415 5 61 08 50 | sfms.org)*, Zahnärzte die *San Francisco Dental Society (Tel. 1 415 9 28 73 37 | sfds.org)*.

NOTFALLNUMMERN
Notfälle aller Art: Tel. 911
Krankenwagen: Tel. 911
Polizei: Tel. 1 415 5 53 01 23
Oder: 0 für den Operator

WICHTIGER HINWEIS

SICHERHEIT
Wie jede amerikanische Stadt hat San Francisco bestimmte Viertel und Straßenzüge, in denen du Smartphone und Kamera lieber in der Tasche lassen solltest. Beherzige dies insbesondere bei Ausflügen ins Tenderloin-Viertel nördlich des Civic Center, wo Drogenhandel und Obdachlosigkeit florieren. Auch in SoMa auf der anderen Seite der Market Street geht es etwas robust zu. Im Mission District sind die Gang-Verbrechen etwas zurückgegangen, achte jedoch auch hier auf deine Umgebung. Und lass nie etwas sichtbar im Auto!

WETTER IN SAN FRANCISCO

Hauptsaison
Nebensaison

	JAN.	FEB.	MÄRZ	APRIL	MAI	JUNI	JULI	AUG.	SEPT.	OKT.	NOV.	DEZ.
Tagestemperaturen	13°	15°	16°	17°	17°	18°	18°	18°	20°	20°	18°	14°
Nachttemperaturen	7°	8°	9°	10°	11°	12°	12°	12°	13°	12°	10°	8°
Sonnenschein Stunden/Tag	5°	7°	8°	9°	10°	11°	9°	8°	9°	8°	6°	5°
Niederschlag Tage/Monat	8	7	8	6	2	1	0	0	0	2	7	8
Wassertemperatur	11°	11°	12°	12°	13°	14°	15°	15°	16°	15°	13°	11°

Sonnenschein Stunden/Tag · Niederschlag Tage/Monat · Wassertemperatur

SPICKZETTEL ENGLISCH

SMALLTALK

ja/nein/vielleicht	yes/no/maybe	jäs/nəu/mäibi
bitte/danke	please/thank you	plihs/θänkju
Gute(n) Morgen!/Tag!/ Abend!/Nacht!	Good morning!/ afternoon!/evening!/ night!	gud 'mohning/ aftə'nuhn/ihwning/ nait
Hallo!/Tschüss!	Hello!/Bye!	hə'ləu/bai
Ich heiße …	My name is …	mai näim is …
Wie heißt du?/ Wie heißen Sie?	What's your name?	wots jur näim?
Ich komme aus …	I'm from …	aim from …
Entschuldige!/ Entschuldigen Sie!	Sorry/Excuse me!	sori/iks'kjuhs mi
Wie bitte?	Pardon?	'pahdn?
Das gefällt mir (nicht).	I love it./I don't like it.	ai laf it/ai dount laik it.
Ich möchte …	I would like to …	ai wudd 'laik tə …

ZEIGEBILDER

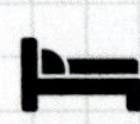

ESSEN & TRINKEN

Die Speisekarte, bitte.	The menu, please.	Də 'mänjuh plihs
Könnte ich bitte … haben?	Could I please have …?	kud ai plihs häf …?
Messer/Gabel/Löffel	knife/fork/spoon	naif/fohrk/spuhn
Salz/Pfeffer/Zucker	salt/pepper/sugar	sohlt/'päppə/'schuggə
Essig/Öl	vinegar/oil	'viniga/oil
Milch/Sahne/Zitrone	milk/cream/lemon	milk/krihm/'lämən
mit/ohne Eis/ Kohlensäure	with/without ice/gas	wiD/wiD'aut ais/gäs
Vegetarier(in)/Allergie	vegetarian/allergy	wätschə'täriən/ 'ällədschi
Ich möchte zahlen, bitte.	Could I have the check, please?	kud ai häf Də tschek plihs?
Rechnung/Quittung	check/receipt	tschek/ri'ssiht
bar/Kreditkarte	cash/credit card	käsch/krädit kahrd

NÜTZLICHES

Wo ist …?/Wo sind …?	Where is …?/ Where are …?	'weə is…?/'weə ahr …?
Wie viel Uhr ist es?	What time is it?	wot 'taim is it?
heute/morgen/ gestern	today/tomorrow/ yesterday	tə'däi/tə'morəu/ 'jästədäi
Wie viel kostet …?	How much is …?	'hau matsch is …?
Wo finde ich einen Internetzugang/ WLAN?	Where can I find internet access/ Wifi?	'weə känn ai faind 'internet 'äkzäss/ waifai?
Hilfe!/Achtung!/ Vorsicht!	Help!/Watch out!/ Caution!	hälp/watsch aut/ kahschn
Apotheke/Drogerie	pharmacy/drugstore	'farməssi/'dragstoə
kaputt/funktioniert nicht	broken/doesn't work	'brəukən/'dasənd wörk
Panne/Werkstatt	breakdown/repair shop	'bräikdaun/ri'peə schop
Fahrplan/Fahrschein	timetable/ticket	taimteybl/'tikət
0/1/2/3/4/5/6/7/8/9/ 10/100/1000	zero/one/two/three/ four/five/six/seven/ eight/nine/ten/(one) hundred/(one) thousand	'sirou/wan/tuh/θri/ fohr/faiw/siks/'säwən/ äit/nain/tän/('wan) 'handrəd/('wan) θausənd

SAN FRANCISCO FEELING

ZUM EINSTIMMEN & AUSKLINGEN

LESESTOFF & FILMFUTTER

THE CIRCLE

Dave Eggers, der sich für Menschenrechte und Nachwuchsautoren in San Francisco engagiert, beschreibt in seinem Roman (2013) fast prophetisch, wie soziale Netzwerke unser Miteinander verändern – bis zu einem bitterbösen Ende, nach dem man am liebsten sein Facebook-Konto löschen möchte.

DIE STRASSEN VON SAN FRANCISCO

„Full House", „Nash Bridges", „Monk" – in San Francisco spielt eine Heerschar von TV-Serien. Der Klassiker ist jedoch „Die Straßen von San Francisco".

THE LAST BLACK MAN IN SAN FRANCISCO

Jimmie Fails träumt davon, das viktorianische Haus in San Francisco zu kaufen, das sein Großvater einst erbaut hat. Jimmie und sein Freund Montgomery Allen stellen dabei jedoch fest, wie rasant sich die Stadt verändert.

TALES OF THE CITY

Das erste von Armistead Maupins neun Tales-Büchern beschreibt das Lebensgefühl junger Menschen in der Stadt und erschien als Fortsetzungsroman im San Francisco Chronicle. 2019 folgte eine Netflix-Serie.

PLAYLIST QUERBEET

0:58

HUEY LEWIS AND THE NEWS – THE POWER OF LOVE
Die Soul-Rock-Band ist seit 1980 aktiv und schaffte es selbst bis zum „Gastauftritt" in American Psycho (2000).

METALLICA – ENTER SANDMAN
Der Opener des Black Album, das allein in den USA über 16 Mio. Mal verkauft wurde, rockt alles weg.

CHRIS ISAAK – WICKED GAME
Chris Isaak surft gerne am Ocean Beach, da spielt das legendäre Musikvideo natürlich am Strand.

JOURNEY – DON'T STOP BELIEVING
Die inoffizielle Hymne der lokalen Sportteams.

GRATEFUL DEAD – CASEY JONES
Der wohl bekannteste Song der Psychedelic-Rocker, die über 2300 Konzerte gaben.

Den Soundtrack zum Urlaub gibt's auf **Spotify** unter **MARCO POLO San Francisco**

Oder Code mit Spotify-App scannen

AB INS NETZ

SF.FUNCHEAP.COM
Alles umsonst! San Francisco ist teuer genug, doch es gibt jeden Tag so viele kostenlose Events, dass die Website sie nach Uhrzeit (!) geordnet listet.

7X7.COM
Die Website des Hochglanzkultur- und -szenemagazin 7x7 berichtet tagesaktuell über neue Restaurants, Bars und kulturelle Events.

SFBIKE.ORG
Was geht ab auf San Franciscos Straßen und Radwegen?

THEBOLDITALIC.COM
Coole San-Francisco-Storys von und mit ihren nicht minder coolen Bewohnern.

ROUTESY.COM
Muni, BART, Caltrain – San Franciscans lieben den öffentlichen Nahverkehr. Diese App weiß, wann welche Linie wo fährt.

HOODLINE.COM/NEWS/SAN-FRANCISCO
Neue Restaurants und schicke Bars, Politik und freie Mietwohnungen – nichts bleibt Hoodline verborgen.

TRAVEL PURSUIT

DAS MARCO POLO URLAUBSQUIZ

Weißt du, wie San Francisco tickt? Teste hier dein Wissen über die kleinen Geheimnisse und Eigenheiten von Stadt und Leuten. Die Lösungen findest du in der Fußzeile. Und ganz ausführlich auf den S. 20–25.

❶ Woher kommt Strom für die Elektrobusse und Straßenbahnen der Stadt?

a) Wasserkraftwerk im Yosemite-Park
b) Gezeitenkraftwerk im Pazifik
c) Geothermiekraftwerk im Napa Valley

❷ Wer gab das letzte Konzert im Candlestick-Park-Stadion?

a) Paul Young
b) Sir Paul McCartney
c) Sir Lord Baltimore

❸ Wann gab es das letzte große Erdbeben in der Bay Area?

a) 1906
b) 1989
c) 2014

❹ Womit helfen die Händler in Chinatown gerne aus?

a) Mit extralauten Böllern
b) Mit extrascharfem Essen
c) Mit extrawarmen Fleecejacken

❺ Was zieht so manchen Obdachlosen in die Stadt?

a) Gute Burger
b) Beste Laune
c) Prima Klima

❻ Was ist die inoffizielle Hymne der Giants?

a) „Never give up, never surrender"
b) „Don't stop believing"
c) „We are the champions"

Lösungen: 1a, 2b, 3c, 4c, 5c, 6b

Sollte man wirklich für die „Chinaböller" nach Chinatown?

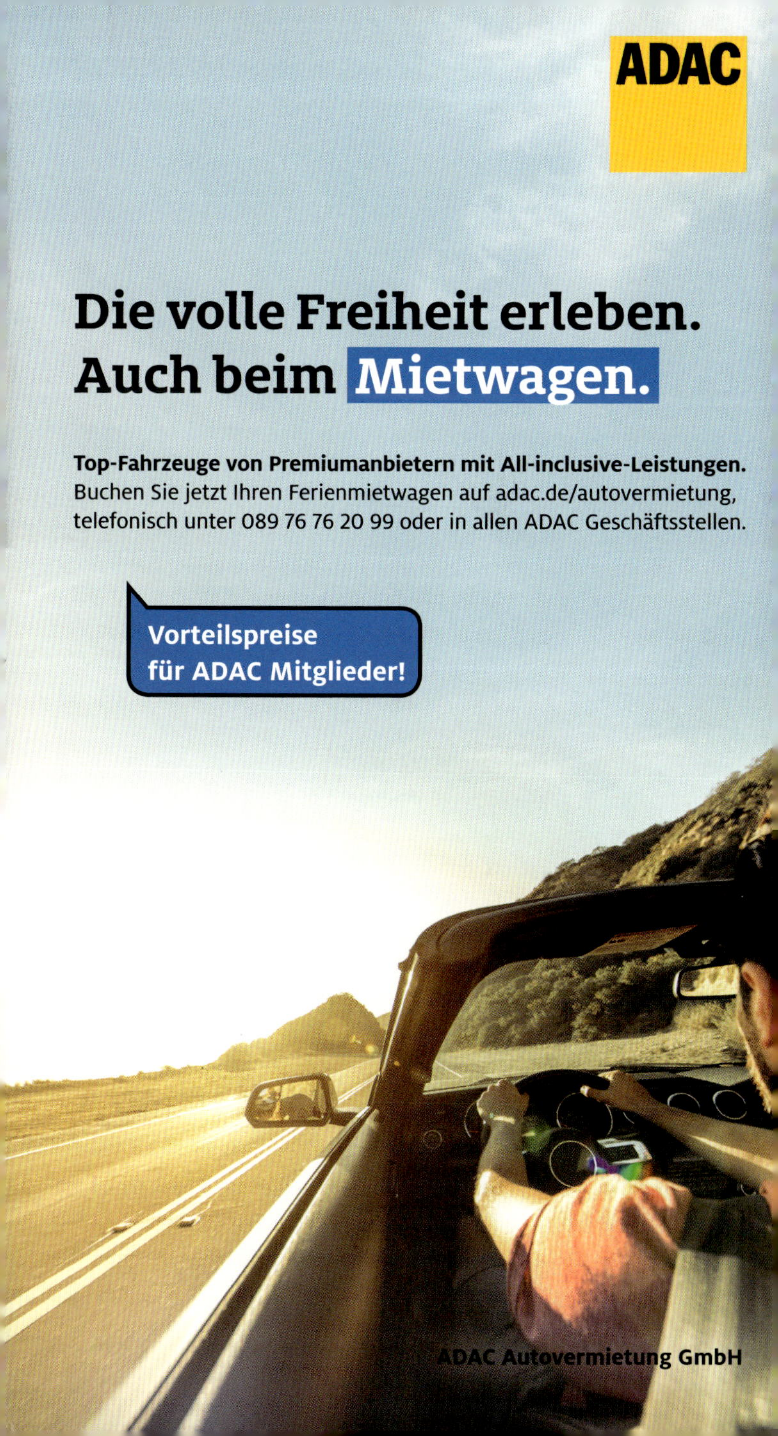
ADAC
Die volle Freiheit erleben.
Auch beim Mietwagen.
Top-Fahrzeuge von Premiumanbietern mit All-inclusive-Leistungen.
Buchen Sie jetzt Ihren Ferienmietwagen auf adac.de/autovermietung, telefonisch unter 089 76 76 20 99 oder in allen ADAC Geschäftsstellen.
Vorteilspreise für ADAC Mitglieder!
ADAC Autovermietung GmbH

REGISTER

LOB ODER KRITIK? WIR FREUEN UNS AUF DEINE NACHRICHT!

Trotz gründlicher Recherche schleichen sich manchmal Fehler ein. Wir hoffen, du hast Verständnis, dass der Verlag dafür keine Haftung übernehmen kann.

MARCO POLO Redaktion • MAIRDUMONT • Postfach 31 51
73751 Ostfildern • info@marcopolo.de

Impressum
Titelbild: Golden Gate Bridge (Schapowalow Images: M. Rellini)
Fotos: J. Cones (147); W. Dieterich (80); F. Fell (144); huber-images: P. Canali (127), S. Forster (22), H.-P. Huber (2/3), S. Kremer (4, 26/27, 30/31, 45, 46/47, 93, 131, 132/133), M. Rellini (14/15, 17, 50, 52), F. Romiti (12/13); laif: F. Tophoven (68/69); Laif/Polaris/San Francisco Chronicle: C. Avila Gonzalez (54/55); laif/Polaris/San Francisco Chronicle: L. Milton (76); mauritius images: D. Delimont (67), R. Runck (40); mauritius images/Alamy (36, 48, 57, 60, 64, 79, 89, 96/97, 103, 116/117, 142/143), J. Bellah (112/113), I. Dagnall (124), R. Duchaine (10), L. Foster (35), Y. Helfman (39), K. Howard (59), J. Jones (83), V. Korchenko (106/107), T. Mulholland (8), CH. Pefley (73), V. Rosati (62), M. Slusarczyk (95), S. Wilson (128); mauritius images/Alamy/Daily Travel Photos (134); mauritius images/Alamy/Gado Images (91); mauritius images/Alamy/Jejim120 (Klappe vorne außen, Klappe vorne innen, 1); mauritius images/Alamy/NiKreative (122); mauritius images/Alamy/Stockimo/D747 (114/115); mauritius images/Alamy/Truphotos.com: T. Wai Chung (84/85); mauritius images/Blend Images: A. Hester (108/109); mauritius images/Image Source (21, S. K. Hughes (6/7); mauritius images/Imagebroker: M. Blume (43), M. Rasmus (11); mauritius images/Picfair: G. Sheridan (110/111); mauritius images/Robertharding: F. Fell (101); mauritius images/United Archives/AGF/RM Bildagentur (9); shutterstock: L. Cuthbert (25), Pedco182 (32); Shutterstock/Allard One (104)

17., aktualisierte Auflage 2024

Autor: Roland Austinat
Redaktion: Martin Silbermann
Bildredaktion: Barbara Mehrl
Kartografie: © 2023 KOMPASS-Karten GmbH, A-6020 Innsbruck; MAIRDUMONT, D-73751 Ostfildern (S. 118–119, 121, 125, 127, 130, Umschlag innen, Umschlag außen, Faltkarte); © MapMedia Corp., Toronto, ON, Canada M9W 1B3 (S. 130, Faltkarte); © 2023 KOMPASS-Karten GmbH, kompass.de unter Verwendung von © OpenStreetMap Contributors, osm.org/copyright (S. 28–29, 33, 37, 41, 53, 62–63, 70–71, 86–87, 98–99)
Als touristischer Verlag stellen wir bei den Karten nur den De-facto-Stand dar. Dieser kann von der völkerrechtlichen Lage abweichen und ist völlig wertungsfrei.
Gestaltung Cover, Umschlag und Faltkartencover: bilekjaeger_Kreativagentur mit Zukunftswerkstatt, Stuttgart; Gestaltung Innenlayout: Langenstein Communication GmbH, Ludwigsburg
Spickzettel: in Zusammenarbeit mit PONS Langenscheidt GmbH, Stuttgart
Konzept Coverlines: Jutta Metzler, bessere-texte.de

Printed in China

MARCO POLO AUTOR
ROLAND AUSTINAT

Egal, wie oft seine Freunde und Bekannten schon in San Francisco waren: Roland Austinat verblüfft sie immer wieder mit neuen Ecken, Restaurants und Kuriositäten. Schließlich schreibt der freie Autor vor Ort seit 2004 über die Themen Tech, Travel & Video Games und begegnet dabei sogar immer mal wieder Lesern dieses Bands. Und das total ungeplant – die Stadt ist und bleibt nun mal ein großes Dorf.

BLOSS NICHT!

FETTNÄPFCHEN UND REINFÄLLE VERMEIDEN

LEICHTSINNIG PARKEN

Die Polizei verteilt Tickets, wenn ein Auto nicht mit zum Bordstein gedrehten Vorderrädern abgestellt wird. Auch solltest du den Wagen IMMER leer räumen. Diebe nutzen jede noch so kurze Pause, um ins Auto einzubrechen, auch wenn darin nur ein Handy-Ladekabel zu sehen ist.

OHNE AUSWEIS AN DIE BAR

In viele Clubs kommst du ohne Ausweis nicht hinein – zu groß ist den Betreibern das Risiko, dass sie eine Strafe aufgebrummt bekommen. Sogar beim Einkaufen fragen die Angestellten, wenn du ihnen beim Alkoholkauf zu jung aussiehst.

SELBER LÄUTEN

Die Glockenseile der Cable Cars sind ausschließlich für *gripman* und *conductor* vorgesehen. Wenn du aussteigen willst, sag ihnen laut, deutlich und rechtzeitig vorher: „Next stop, please!" Und steh während der Fahrt nicht in den markierten Bodenbereichen: Den Platz brauchen die beiden, um den Wagen zu bewegen.

IM RESTAURANT PATZEN

Fast überall wirst du zum Tisch geführt, es sei denn, der Inhaber lässt dir die Wahl, nachdem du gefragt hast. Und sei kein Knauserer: In den USA sind 15–20 Prozent Trinkgeld vom Rechnungsbetrag Standard – die Bedienungen sind auf dieses Zusatzeinkommen angewiesen.

IN FLIP-FLOPS ZUM CLUBBING

Beim Ausgehen spielt selbst in San Francisco das richtige Schuhwerk eine Rolle. Also geh nicht in Sandalen oder Flip-Flops zum Clubbing, sondern pack ein paar gute Schuhe in den Koffer – eine Eintrittsgarantie gibt es auch mit den besten Sneakern nicht.